KB034314

나의 조현병 삼촌

나의 조현병 삼촌

어느 정신질환 당사자와 가족의
오랜 거짓말과 부끄러움에 관하여

이하늬 지음

아몬드

일러두기

- 본문 중 각주는 용어 설명 또는 부연 설명을 위해, 미주는 직접 및 간접 인용한 문헌을 표시하기 위해 사용했다.
- 질병명, 진단명, 증상명 등 의학용어는 '한국표준질병·사인분류' 표기 원칙을 우선으로 하되 '대한의협 의학용어사전'과 《정신질환의 진단 및 통계편람 제5판(DSM-5)》 용례를 참고했다.
- '4장 조현병과 함께 살아가기' 인터뷰에 등장하는 당사자와 가족 이름은 모두 가명이다.

머리말

나에게는 삼촌이 없다

"이따가 내 친구 우리 집에 온대."

"어, 그럼 나는 나가 있을까?"

친구가 놀러온다는 말에 삼촌[○]이 내게 물었다. 1초의 망설임도 없었다. 표정 변화도 없었다. 그래서 더 마음이 아팠다. 그럴 필요 없다고 말했지만 삼촌은 산책을 하겠다며 집을 나섰다.

내 친구 중에는 삼촌의 존재를 모르는 이들이 많다. 나는 누가 엄마의 형제 관계를 물어보면 '외동딸'이라고 답했다. 엄밀히 말하면 엄마는 하나밖에 없는 딸이니까 100퍼센트 거짓은 아니라고 스스로 합리화했다. 삼촌은

○ 엄마의 동생이다. 보통 '외삼촌'이라는 호칭으로 통용되지만 우리 집에서는 '삼촌'으로 부른다.

그렇게 내 인생에서 없는 사람이 되곤 했나.

세상 물정을 대충 알기 시작할 무렵부터 삼촌에 관해 말하기를 꺼렸던 것 같다. 어릴 때는 왜 삼촌은 일을 하지 않는지 의아했다. 삼촌이 뭔가 다르다는 것을 눈치채고 나서는 뭐라고 콕 집어서 말할 수는 없지만 백수보다 더 이상하고 부끄러운 일이라는 건 알았다. 병명을 알게 된 이후에는 차마 입이 떨어지지 않았다.

나는 삼촌을 없는 사람 취급했지만 삼촌은 내 일상에 너무 깊이 끼어들었다. 무료한 삼촌은 내게 전화를 자주 한다. 하루 두세 번이 기본이다. 전화를 받아주는 사람이 없으니 내가 주요 타깃이다. 딱히 용건이 있는 건 아니다. 지금 어디고? 밥은 먹었나? 뭐 먹었노? 밥값은 얼마 나왔노? 니가 샀나?…… 나는 단답으로만 응하다가 결국 짜증을 낸다. 매번 같은 패턴이다.

나와 연애를 한 사람들은 물었다. "너희 삼촌은 왜 이렇게 전화를 자주해?" 삼촌이 전화를 자주 한다는 것만으로도 나는 삼촌이 어딘가 이상한 사람임을 들킨 것 같았다. 나는 휴대전화에 저장된 '삼촌'이라는 이름을 다른 것으로 바꾸곤 했다. 엄마, 아빠, 동생 등 자주 전화가 와도 이상하지 않을 명칭으로.

전화만이 아니다. 엄마와 할머니가 나이가 들면서 삼촌의 거주나 취업, 입·퇴원, 장애인 등록 등 굵직한 일이 사촌동생과 우리 몫이 됐다. 그 외에 일상적인 일들, 가령 잠은 잘 잤는지, 아픈 데는 없는지, 외래 진료는 어땠는지 등을 확인해야 하고 상태가 나빠지면 입원이 가능한 병원을 알아보고 의사 면담도 가야 한다.

의사는 삼촌이 비현실적인 말을 해도 화를 내거나 무시해서는 안 된다고 조언했다. 화를 낸다고 해서 증상이 완화되는 것이 아니며 자칫 싸움으로 이어지면 삼촌에게 더 큰 스트레스를 줄 수 있다고 했다. 정신장애인은 비장애인과는 다른 세계에 살고 있으니 그 세계를 인정해야 한다는 것을 머리로는 안다. 그러나 의사의 조언도, 일을 하며 주워들은 지식도 현실 앞에서 쉽게 무력해졌다.

나는 화를 잘 내지 못한다. 심리상담사와 정신과 주치의 모두 내게 '화내는 연습'을 권할 정도다. 하지만 삼촌에 관한 일에서만은 보통의 기분에서 '극대노'에 이르기까지 채 3분이 걸리지 않는다. 삼촌이 의료법인을 설립한다거나 생수 공장을 차리겠다며 대출을 알아보러 다니는 걸 보면 "미쳤냐"는 소리부터 튀어나온다. 물건을 집어던지고 목이 아플 정도로 소리를 지른 적도 있다. 내가 다른 사람에게 절대로 들키고 싶지 않은 모습이 있다면 삼촌을 대하는 모습일 것이다.

늙고 병든 삼촌은 나보다 약자인데 나는 왜 이렇게 삼촌에게 악다구니를 쓰는 걸까. 어쩌면 삼촌을 핑계 삼아 이런 식으로 스트레스를 풀고 있는 것은 아닐까. 한바탕하고 나면 스스로가 혐오스럽다. 하지만 이것도 잠시, 화살은 곧 다시 삼촌을 향한다. 삼촌은 왜 내게서 이런 모습이 나오게 하는 걸까.

그래서 정말로 삼촌이 사라지길 바란 적이 많다. 삼촌만 없었으면 엄마가 이렇게 고통받지 않았을 텐데. 삼촌만 없었으면 나의 밑바닥 모습과 마주하지 않을 수 있었을 텐데. 아니 지금이라도 삼촌이 없어져주면 모두가 편할 텐데…….

나는 우울증인데 삼촌은 조현병이라니, 누가 봐도 '정신질환에 취약한 유전자를 가진 집안'이다. 그래서 삼촌 이야기를 꺼낸다는 건 할머니와 엄마, 그리고 우리에게까지 이어진 오래된 부끄러움과 거짓말을 세상에 공개하는 것과 같다.

삼촌의 병과 우리 가족에 관한 책을 쓴다고 하자

엄마는 깊은 한숨을 내쉬었다. “내가 한평생 네 삼촌의 병을 숨기려고 얼마나 애썼는데, 정말 너희들은 상상도 못 한다. 거짓말을 하고 그걸 덮기 위해서 또 거짓말을 하고 그 거짓말이 또 다른 거짓말을 낳고…… 내가 쌓아올린 그 거짓말들이 얼마나 나를 괴롭혔는지.”

나는 그 거짓말과 수치스러움을 말해야 한다고 엄마를 설득했다. 그건 삼촌이나 우리의 잘못이 아니기 때문이다. 지원은커녕 낙인밖에 없는 상황에서 가족은 지치지 않을 도리가 없고, 노동하지 못하는 몸을 쓸모없는 존재로 취급하는 사회적 분위기에서 우리는 자유롭지 않다. 이런 상태에서 벗어나기 위해서 나는 우선 우리가 지금 어디에 있는지를 알아야 한다고 생각했다. 죽을힘을 다해 숨겨온 이야기를 말하는 것이 어쩌면 그 시작일지 모른다.

내게는 조현병 전반에 관한 책을 쓸 만큼의 지식이나 통찰력은 없다. 그런 측면은 의료진이나 사회복지사, 학자, 장애계 활동가 등 전문가들이 나보다 훨씬 나은 이야기를 들려줄 수 있을 것이다. 하지만 나는 조현병 당사자인 삼촌이 어떻게 하루를 보내는지, 무슨 생각을 하는지, 우리 가족은 어떤 어려움을 겪고 있는지, 지금 우리에게 절실하게 필요한 것은 무엇인지 정도는 말할 수 있을 것 같았다. 그래서 책을 쓰기로 마음먹었다. 이는 무척 개인적이지만 동시에 보편적이며 정치적이다.

내게 삼촌이 있다고 말하는 것으로 그 첫걸음을 떼려 한다. 오래도록 없었으면 하고 바랐지만 나에게는 조현병에 걸린 삼촌이 있다.

차례

2 가족, 곁을 지키는 사람들

3 삼촌의 일상

4 조현병과 함께 살아가기

5 40년째 조현병

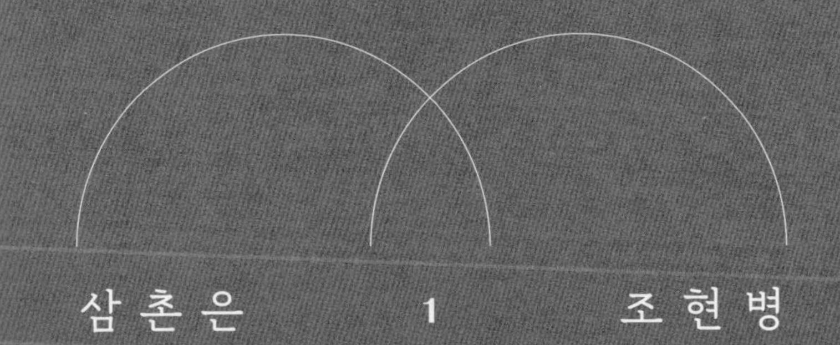

삼 촌 은　　1　　조 현 병

"제발 병원 좀 같이 가주세요"

전화가 울렸다. 동생이었다. 데이트를 방해받고 싶지 않아 끊어버렸다. 보통은 한번 끊으면 다시 오지 않는데, 전화가 계속 왔다. 카페의 음악 소리를 피해 밖으로 나와 전화를 받았다.

"언니야, 큰일 났다. 삼촌 지금 경찰서래."

동생이 울먹이는 목소리로 말했다. 불안과 초조함이 그대로 전해졌다. 왜 경찰서까지 가게 됐는지는 정확히 모르지만 누군가 경찰에 삼촌을 신고했다고 했다. 일단 경찰서로 가겠다고 하고 전화를 끊었다.

남자친구는 심각한 표정으로 무슨 일이냐고 물었다. 이걸 무슨 일이라고 말해야 할까. 단어가 골라지지 않았다. 정신병? 조현병? 무슨 단어를 쓴다한들 이해받을 수 있을까.

"삼촌이 지금 경찰서래. 미안한데 나 지금 가봐야겠어."

택시를 타고 경찰서에 도착했다. 경찰과 이야기를 하는 동생이 보였다. 삼촌은 멀찍이 앉아 그 모습을 지켜보고 있었다. 반팔 남방에 긴 면바지, 슬리퍼 차림이었다. 사이즈가 맞지 않는지 슬리퍼 밖으로 맨발이 삐죽 삐져나와 있었다.

삼촌이 서울에 온 건 4일 전이었다. 사업차 만날 사람이 있다고 했다. 갑자기 사업이라니 뜬금없긴 했지만 그때는 그게 병의 증상이라는 걸 몰랐다. 엄마는 삼촌이 앓는 병이 무엇인지 제대로 알려준 적이 없었다. 게다가 삼촌이 서울에서 '실제로' 사람들을 만났기에 그러려니 했다.

사건 당일, 카페에서 친구를 만나던 삼촌은 화장실에 간다는 말을 남기고 사라졌다. 휴대전화와 지갑은 카페 테이블에 그대로 둔 채였다. 삼촌 친구는 삼촌의 휴대전화 발신 목록에 있던 내 동생 번호로 연락을 했다.

삼촌 친구의 설명을 들은 동생은 '지금, 삼촌이 이상하구나'라고 직감했다. 우리는 삼촌이 가끔 이상해진다는 건 알았지만 부모님이 안 계신 상황에서 이런 일이 벌어진 건 처음이었다. 동생은 거의 패닉 상태로 부모님께 전화를 걸었고 아빠는 일단 경찰에 신고부터 하라고 했다. 이미 많은 일을 겪은 사람의 노하우였다.

경찰에서는 마침 인상착의가 비슷한 사람이 신고된 건이 있다고 했다. 맨발로 길을 헤매면서 지나가는 사람들에게 "당신은 백범 김구의 자손이다"라고 말해 신고가 접수됐고, 어느 경찰서에서 보호 중이라는 것이었다. 그 경찰서는 삼촌이 사라진 카페에서는 거리가 꽤 먼 곳에 있었다. 그래도 혹시나 하는 마음에 동생은 경찰서로 달려갔다. 삼촌이 새까매진 발을 하고 거기 있었다. 동생은 경찰서에 슬리퍼라도 하나 달라고 한 다음 삼촌에게 신겼다.

돌이켜보니 징후는 있었다. 알아채지 못했을 뿐이다. 엄마는 매일 우리에게 전화해 삼촌이 '잘 먹고 잘 자는지'를 확인했다. 안 먹고 안 자는 게 삼촌의 증상 중 하나이기 때문이다. 삼촌은 배가 고프거나 졸린 줄도 모른 채 종일 무언가를 생각하고 계획하고 실행하느라 분주했다. 이는 조현병과 양극성장애(조울증) 1형 조증 삽화°에서 흔하게 나타나는 증상이다.

그런 걸 몰랐던 나는 삼촌 상태도 제대로 살피지 않은

채 건성으로 답하곤 했다. "응. 잘 먹고 잘 자는 거 같은데?" 시간이 지나 생각해보니 삼촌은 우리 집에서 지내는 며칠 동안 제대로 끼니를 챙기지 않았다. 초코파이에 우유, 이런 식으로 한 끼를 때웠고 입맛이 없다고 했다. 낮 12시나 되어야 일어나던 사람이 새벽 일찍 나가기도 했다.

"여기 법에 경찰이 입원시킬 수 있다고 되어 있잖아요!"

"아가씨, 소리 지르지 마시고요. 아가씨가 저 분 딸도 아니잖아요. 문제 생기면 복잡해집니다."

"무슨 문제요? 지금 사람 아픈 거 안 보여요? 제가 다 책임진다고요."

"……."

"저 이상한 사람 아니에요. 저 기자예요. 제발 병원 좀 같이 가주세요."

나는 경찰서에서 언성을 높였다가 읍소했다가를 반복했다. 모두가 내 눈을 피했다. 정신건강복지법(당시 정신보건법)ºº에 따르면 응급상황의 경우, 경찰에 의한

º 삽화(에피소드)라는 용어는 증상이 존재하는 시기와 증상이 없는 시기가 뚜렷하게 구분된다는 의미다.

응급입원(비자의입원)이 가능하다. 하지만 이후 당사자나 가족이 경찰을 상대로 소송을 하는 경우가 있어 나서기를 꺼린다고 한다.

그 와중에 삼촌은 왜 자기를 여기에 데리고 왔냐며 집에 가자고 소리를 질렀다. 난리통 속에 경찰관 한 분이 "저랑 가시죠"라며 자리에서 일어났다. 고마워서 눈물이 났다. 나는 그에게 허리 굽혀 인사를 하며 명함을 내밀었다.

"저 진짜 이상한 사람 아니에요. 피해 안 가게 할게요."

경찰의 연락을 받은 의료진이 응급실 앞에 나와 있었다. 그곳이 정신병원이라는 걸 인지한 삼촌은 화를 내기 시작했다. 경찰서를 나설 때 삼촌에게는 집에 간다고 거짓말을 한 터였다. 나와 동생은 삼촌의 양팔을 잡고 병원으로 들어섰다. 병원 직원이 경찰관에게 서류를 내밀었고 경찰관이 서명을 했다. 직계가족이 아닌 우리가 할 수 있는 일은 별로 없었다.

○○ 정신보건법은 2016년 5월 29일 '정신건강증진 및 정신질환자 복지서비스 지원에 관한 법률'(정신건강복지법)로 개정됐다. 정신건강복지법은 법 이름과 내용에 '복지'를 명시했으며, 정신보건법보다 강제입원 요건을 까다롭게 했다.

입원 절차를 끝낸 직원이 상황을 설명했다.

"응급입원은 3일까지 가능하고 이후 입원은 자의입원이나 직계가족에 의한 비자의입원만 가능합니다." 짧은 설명이 끝났다. 삼촌이 응급실로 들어갈 차례였다.

"여기서부터 외부인은 못 들어갑니다."

"잠시 지켜보는 것도 안 되나요?"

"안 됩니다. 환자분이랑 인사하세요."

"삼촌아, 치료 잘 받아. 삼촌아 미안……."

삼촌에게는 우리의 말이 들리지 않는 듯했다. 삼촌은 겁에 질린 동시에 체념한 표정을 하고 있었다. 남성 직원들이 다가왔다. 삼촌의 팔을 잡고 있던 손에서 힘을 빼야 했지만 힘이 잘 빠지질 않았다. 삼촌은 직원들에게 "이거 놔라, 이거 놔라" 하면서 "하늬야, ○○야" 하고 우리 이름을 힘없이 불렀다.

응급실 문이 열리고 닫혔다. 삼촌의 모습이 보이지 않았다. 나와 동생은 서로를 끌어안고 울었다. 2016년 봄, 그렇게 나는 삼촌을 강제입원시켰다.

첫 발병, 기나긴 여정의 시작

조현병[○]은 남성의 경우 10대 후반에서 20대 초반, 여성은 20대 후반에서 30대 초반에 많이 발병하는 것으로 알려져 있다. 삼촌은 24살에 첫 증상이 나타났다. 당시 외갓집은 여러 사업을 하고 있었는데 할아버지가 갑자기 입원하면서 삼촌이 회사를 관리해야 했다.

어린 나이었음에도 가족은 삼촌의 능력을 의심하지 않았다. 삼촌은 혼자 일본 유학을 갈 정도로 똑똑했고, 당시 석학이라 불리던 학자들에게 '직접 만나 말씀을 듣고 싶습니다'라는 편지를 써 실제 인연으로 만드는 추진력이

○ 삼촌은 조현병, 양극성정동장애(조울증), 조현정동장애 등의 진단을 받았다. 모두 조현병 스펙트럼 안에 있는 진단명이다. 이 책에서는 증상이 두드러지게 나타나는 조현병을 중심으로 인터뷰했다.

있었으며 성격도 순해 다른 사람과 큰 갈등을 만들지 않았다.

하지만 가족의 안심과 달리 삼촌은 극심한 스트레스에 시달렸다. 할아버지의 입원 생활이 길어지자, 회사 경영에 관여하고 있던 작은 할아버지는 회사를 자신의 명의로 돌리려 했다. 삼촌에 따르면 그의 '사주'로 택시회사 두 곳에서 파업이 일어났다(실제로 그는 나중에 우리 외갓집을 상대로 사기를 치고 잠적했다). 노동조합과의 협상은 지지부진했고 삼촌은 경찰과 (지금의) 고용노동부 조사를 받아야 했다. 24살이 감당하기 버거운 현실이었을 것이다.

하늬 스트레스를 많이 받았겠네.

삼촌 엄청나게 받았지. 거기에 나를 반공법으로 잡아간다는 소문도 있었거든? 그때는 반공법이 무시무시했어. 실체가 없는 소문이면 무시하고 넘어갈 텐데 내가 주변에 어울리는 사람이 다 그쪽(운동권)이고, 누나(우리 엄마)도 농민운동을 하고.

하늬 그렇게 얼마나 지냈어.

삼촌 한 6개월을 그렇게 지냈어. 미칠 것 같았는데

6개월 지나고 진짜 미쳐버렸어. 그래도 파업이나 그런 건 어떻게든 다 해결을 했어.

증상의 시작은 '환청'이었다. 실제 조현병에서 가장 흔히 나타나는 환각은 환청이다. 삼촌이 볼 일을 보고 회사로 돌아가던 어느 날 오후, 북한의 '오진우 장군'이 실제로는 삼촌의 큰아버지라는 목소리를 들었다. 오진우는 실존 인물로 북한의 정치인이자 군인이다. 삼촌은 그 소식이 너무 기뻤던 나머지 환청이 들리는데도 전혀 놀라지 않았다. 환청과 대화도 나눴다.

환청이나 망상이라고 하면 아예 맥락이 없는 이야기라고 생각하기 쉽지만 그 나름의 현실적인 맥락을 가진 경우가 대부분이다. 삼촌의 큰아버지는 1950년 국민보도연맹 사건 당시 행방불명됐다. 이후 인근 바다에 수장됐다는 소식만 들려왔다. 외갓집 식구들은 수십 년 동안 그 소문이 사실이 아니길 바라고 살았다. 동시에 '빨갱이' 라는 낙인이 찍힐까 봐 두려워했다. 이런 두려움과 바람이 삼촌의 환청에 반영된 것이었다.

"내 귀에 도청장치가 있다"는 한 정신장애인[◦]의 말도 이런 맥락에서 해석할 수 있다. 이는 도청이 빈번했던

1980년대 시대상과 무관하지 않다. 성폭력 피해자이자 조현병 당사자 A씨는 책 《나는 숨지 않는다》에서 성폭력 피해 이후 "네 책임이야"라는 환청을 들었다고 고백한다. 자책하는 마음이 환청으로 나타난 것이며 성폭력 피해자를 탓하는 사회 분위기가 반영된 것이다.

하늬 환청이랑 무슨 이야기를 했어?

삼촌 우리 큰아버지는 ○○○인데 왜 이름이 오진우냐고 물으니 북한에서는 가명을 쓸 수밖에 없대. 실명을 쓰면 남한에 있는 가족들이 다 죽으니까. 그러면서 자기가 남한에 곧 오겠대. 전두환 대통령을 만나서 통일을 한다고 했어. 민족의 염원인 통일이 된다고 하니 너무 기뻐서 한 3일 동안 아무 것도 안 먹고 잠도 안 잤어.

하늬 환청 말고 다른 행동을 하거나 그런 건 없었어?

삼촌 큰아버지가 살던 집에 찾아갔어. 주소를 아직도 기억해. ○○면 ○○리 232번지. 그 집 안방에 들어가서 '여기는 우리 큰아버지 집이니까 다 나가라'고 했지. 또

○ 망상장애를 앓고 있었다고 알려졌다.

당시 토지개발공사에도 찾아갔어. 나와 우리 큰아버지가 남한과 북한의 땅을 다 사겠다고 외쳤지. 나는 ○○공업 회장이고 ○○택시 사장이니까 다 살 수 있다고 했지.

환청과 대화를 나눈 삼촌은 엄마에게 자신이 들은 이야기를 전했다. 환청이라고는 말하지 않았다. 자신도 그게 환청인 줄 몰랐다. 그냥 어디서 들었다고만 말했다. 엄마는 삼촌의 말을 믿었다. 조현병에 걸린 사람을 본 적이 없기에 그 말이 환청이나 망상에서 비롯된 것이라고는 생각하지 못했다. 엄마는 돌아가신 줄로만 알았던 큰아버지가 살아 계시다는 말에 너무 기뻐서 삼촌을 안고 한참을 울었다.

하늬 주변 사람들이 이상하다고 안 했어?

삼촌 그때 가족이 다니던 절이 있었어. 가서 주지스님한테 큰아버지 이야기를 했지. 스님이 나한테 '네가 놀라서 그렇다'며 한약을 지어 먹고 '나무관세음보살'을 외우래. 그래서 지금도 관세음보살을 외우잖아. (주지스님은 눈치를 챈 거네?) 그랬던 거 같아. 근데 조현병인지 뭔지 정확하게는 몰랐을 거야.

하늬 그때까지도 가족들은 몰랐어?

삼촌 응. 근데 회사 직원 중에는 내가 이상하다는 걸 눈치챈 사람이 있었어. 그 사람이 우리 집에 와서 누나한테 내가 정신이 이상한 거 같다고 병원에 가보라고 말했어. 그 사람도 정신이 아픈 형제가 있어서 증상을 알았던 거야. 그래서 병원에 갔지. 그 사람 이름을 모르겠네. 내가 이름만 알면 보답을 할 텐데.

그제야 삼촌은 입원을 하게 된다. 이미 환청과 망상 등의 증상이 나타난 지 시간이 어느 정도 지났을 때였다. 증상이 나타난 후 치료를 시작하기까지 걸리는 시간을 '정신질환 미치료기간'이라고 한다. 이 기간이 짧을수록 치료가 잘 되고 예후도 좋은 것으로 알려져 있다. 세계보건기구(WHO)는 12주 이내에 치료를 시작할 것을 권한다.

2015년 보건복지부 자료에 따르면 국내 정신질환자의 경우 치료까지 약 56주가 걸리는 것으로 드러났다. 병에 대한 지식이 없고 사회적 편견이 심해서다. 증상이 악화돼 가족도 더는 감당할 수 없을 때 선택지는 입원뿐이다. 입원은 대부분 강제로 이뤄진다. 증상이 악화된 상태에서 병원을 찾기 때문에 입원 기간도 길다. 국가인권위가 발간한 〈2021 정신장애인 인권보고서〉에 따르면 우리나라의 정신의료기관 평균 재원 기간은 176.4일이다. 벨기에 9.3일, 스웨덴 15.7일, 영국 35.2일 등 다른 경제협력개발기구(OECD)에 비해 훨씬 길다. 삼촌의 미치료기간이 정확히 어느 정도였는지 알 수 없지만 당시 삼촌은 한 달가량 입원했다.

삼촌은 "입원해서 잘 먹고 잘 자니까 3일 만에 병이 나았다"고 했다. 엄마와 할머니는 마음을 놓았다. 하지만 발병과 첫 입원은 이후 우리 가족이 겪게 될 많은 일들의 시작에 불과했다.

이유 없는 재발

삼촌은 첫 입원 3일 만에 자신의 병을 인지했고 증상이 사라졌다고 했다. 하지만 이후에도 짧게는 1~2년, 길게는 4~5년 주기로 증상이 나타났다. 재발한 것이다. 재발의 개념을 몰랐던 가족과 삼촌은 크게 놀랐다.

보통 재발의 가장 큰 원인으로 단약°이 꼽힌다. 삼촌은 발병 이후부터 지금까지 딱 한 번 단약을 시도했다. 10년 정도 약을 복용했을 때다. 한번 끊어 봐도 되겠다는 생각이 들었고 당시 주치의를 신뢰하는 마음도 없었다. 단약 시도는 일주일을 못 갔다. 잠드는 데 어려움이 생기자 불안해진 삼촌은 단약 시도를 중단했다. 그 한 번을 제외하고는 삼촌은 증상이 나타날 때도 약 복용은

° 斷藥, 약 복용을 중단하는 것.

빠뜨리지 않았다.

그럼에도 삼촌은 꾸준히 재발했다. 전문가들에 따르면 조현병은 '이유 없이' 재발하기도 한다. 《사랑하는 사람이 정신질환을 앓고 있을 때》의 저자 리베카 울리스는 조현병, 주요 우울증, 조현정동장애, 양극성장애 등은 '주기적 질병'이라며 "종종 뚜렷한 이유 없이 호전과 악화를 반복한다"[1]고 말한다.

하늬 재발한 건 언제야?

삼촌 처음 재발은 6개월에서 1년 정도 지났을 때야. 당시 여자 친구가 우리 집에서 같이 살고 있었어. 약사였는데 어느 날 수면제를 가져왔더라고. 같이 죽자고 해. (갑자기 왜?) 내가 정신이 아프고 자기랑 결혼도 하기 싫어하니까 그랬던 거 같아. 죽겠다는 사람을 말리고 수면제를 장롱 위에 숨겨뒀어. 그런데 어느 날 그걸 먹고 죽어버렸어.

하늬 너무 놀랐겠네.

삼촌 내가 발견을 했어. 그때는 119를 부른다는 개념이 없었어. 내가 그 사람을 업고 택시를 불러서 병원에 갔고 어머니가 뒤따라왔어. 그 일이 있고 얼마 안 지나서 다시 증상이 나타났어. 병원에 입원했지.

하늬 이후에도 재발했지?

삼촌 사업 때문에 스트레스를 많이 받아서 입원을 여러 번 했고, 결혼했을 때는 1년에 세 번이나 입원했어. (왜?) 이유는 기억이 안 나. 누나 결혼하고 나서도 아팠어.

전문가들은 스트레스 자체가 재발로 곧장 이어지는 건 아니라고 하지만 삼촌의 경우 여자 친구의 자살, 앞이 보이지 않는 사업, 결혼 등 큰 변화를 마주할 때마다 어김없이 증상이 나타났다.

조현병 증상은 크게 양성과 음성으로 나뉜다. 양성 증상은 없어야 할 것이 있는 것이다. 환청이나 환시 같은 환각, 망상, 와해된 언어, 이상행동 등이다. 음성 증상은 있어야 할 것이 없는 것이다. 감정 표현이나 말, 의욕, 주의력, 청결 관념 등이 사라진 경우다. 삼촌은 주로 양성 증상을 보였다.

재발도 환청으로 시작됐다. 삼촌은 자신이 아프다는 것을 안다. 약을 잘 복용하는 이유도 "약을 끊으면 아프기 때문"이라고 말한다. 환청이 보통 때보다 자주 들리면 '아,

병이 오는구나' 하고 생각한다. 하지만 그 상태가 지속되면 병의 증상 때문이라는 인식이 사라져버린다. 그 상황에 젖어드는 것이다. 환청이 하는 말을 믿고 환청과 대화를 나누고 망상에 빠진다.

그래서 전문가들은 조기 개입이 중요하다고 입을 모은다. 재발을 막지는 못해도 기간과 증상의 정도를 최소화할 수 있다는 것이다. 그러나 가족 입장에서는 조기 개입이 쉽지 않다. 하루 24시간 당사자만 보고 있을 수는 없는 노릇이기에 조기 발견이 어렵고 증상이 나타난 걸 알아챈다 해도 '잠시 저러다가 말지 않을까' 하는 기대 때문이다.

재발이 뜸해진 건 삼촌이 40대 중반에 접어들었을 때다. 할아버지가 돌아가시면서 외갓집은 모든 사업을 정리했다. 이혼 이후 삼촌은 할머니와 함께 한적한 시골 마을에서 지냈다. 삼촌이 가장 안정적인 시기였다. 1~2년이던 삼촌의 재발 간격은 4~5년 정도로 늘어났다. 그 기전[○]은 아직 밝혀지지 않았지만 40대 이후에는 조현병 증상이 덜해진다는 연구 결과도 있다.

○ 機轉, 메커니즘.

하늬 삼촌한테는 사업이 큰 스트레스였나 보네.

삼촌 부자처럼 보였어도 실제로는 너무 어려웠어. 네 할아버지는 '사람이 독해서는 안 된다'면서 떼인 돈도 못 받고 큰 일이 생겨도 단호하게 처리를 못하는 분이야. 그런 사람이 사업을 왜 해? 오죽하면 '아버지가 영영 병원에 있었으면 좋겠다'는 생각까지 했겠어. 회사만 안 하면 내가 살 것 같았는데 진짜로 이후에는 병도 좀 없어졌어.

하늬 이후 몇 년 동안 안 아팠을 때는 마음이 어땠어?

삼촌 편안해. 죽을 때까지 이렇게 지내면 좋겠다 싶었지. 아플 때는 머리가 복잡하거든.

우울증 완치와 관련해 김선희 정신과 전문의는 이런 말을 했다. "100퍼센트 재발하지 않는다는 걸 완치라고 본다면 우울증은 완치되지 않아요. 하지만 우울증 때문에 일상을 방해받지 않고 의욕적으로 내 생활을 꾸려갈 수 있다는 것을 완치라고 본다면 완치는 가능합니다."[2]

우울증과 마찬가지로 조현병도 재발이 반복될수록 치료 기간이 길어지고 발병 이전의 삶에서 멀어진다. 한두 번 재발로 끝나는 사람도 있지만 삼촌의 경우는 아니었다.

삼촌은 수없이 재발했다. 하지만 완치가 “의욕적으로 내 생활을 꾸려갈 수 있는 것”이라면 삼촌도 ‘완치’될 수 있지 않을까.

TIP
1

조현병은 왜 발병하고 재발하는가

삼촌이 증상을 보였을 때 가족들은 "정신 좀 차리라"는 말을 많이 했다. 조현병이 뇌 질환이라는 것을 몰라서였다. 조현병은 정신을 차린다고 증상이 완화되지 않는다. 우리는 치매 환자에게 정신을 차리라거나 마음을 굳게 먹으라고 하지 않는다.

전문가들은 조현병이 뇌의 특정 영역에서 발생하는 것이 아니라 여러 영역들 사이의 연결 문제로 발생한다고 본다. 권준수 서울대학교 의과대학 정신과 교수는 "신경세포들이 시냅스로 연결되는데 이 연결이 조금 느슨하다거나 해서 신경전달물질이 잘 전달되지 않는 것"이라고 말했다.

이런 문제는 왜 나타날까. 현재로서 가장 유력한 이론은 유전자다. 취약한 유전자가 있다는 것이다. 유전자가 반드시 가족력을 의미하지는 않는다. 《조현병의 모든 것》을 쓴

E. 풀러 토리에 따르면 조현병에 걸린 이들 중 63퍼센트가 1차·2차° 친족 중 조현병 병력이 전혀 없다.[3] 가족력이 있다고 판명된 37퍼센트라는 수치가 물론 낮은 건 아니지만 전문가들은 가족력이 없어도 발병할 수 있음을 강조한다.

취약한 유전자와 뇌를 가지고 있다고 해서 무조건 조현병에 걸리는 것은 아니다. 감당하기 어려운 스트레스 상황, 즉 환경의 영향을 받는다고 보는 게 보편적이다. 차승민 정신건강의학과 전문의는 "평온하게 지내면 조현병 등 정신질환이 발병하지 않을 수도 있다"며 "다만 스트레스를 받아서 뇌가 약해지는 것인지, 뇌가 약해서 스트레스를 심하게 받는 것인지는 구분할 수 없다"고 말했다.

조현병의 호발 연령은 남성의 경우 10대 후반에서 20대 초반, 여성은 20대 후반에서 30대 초반으로 알려져 있다. 권준수 교수는 "그 시기를 잘 넘기면 취약한 뇌를 가지고 태어났더라도 병에 걸리지 않고 살아갈 수 있다"며 "그러니까 조현병은 뇌와 외부 환경, 두 가지 요소 모두와 관련이 있는 것"이라고 말했다.

° 1차 친족은 부모나 형제, 2차 친족은 조부모나 부모의 형제자매 등이다.

마약중독이나 알코올의존증이 조현병을 유발한다고 생각하는 이들도 있다. 물질 남용으로 정신증 증상°을 보이는 경우가 있어서다. 하지만 정신증 증상이 나타난다는 이유만으로 조현병이라고 진단하진 않는다. 다만 반복적인 물질 남용으로 뇌가 망가져 증상이 지속되면 정신질환·장애 진단을 받게 된다.

발병 이후에는 재발하지 않도록 하는 것이 중요하다. 조현병이 치료가 불가능하다는 건 오해다. 재발하지 않는 경우도 있고 예방을 잘하면 재발률이 떨어진다. 《조현병의 모든 것》에 따르면 첫 발병 후 25퍼센트는 완전히 회복된다. 25퍼센트는 상당히 개선되어 비교적 독립적으로 생활할 수 있다. 25퍼센트는 개선되지만 폭 넓은 지원이 필요하다. 25퍼센트는 개선되지 않거나 입원 혹은 사망으로 이어진다.[4]

재발 원인으로 가장 많이 지목되는 것은 단약이다. 약으로 도파민 등 신경전달물질의 균형을 맞출 수 있는데 약을 중단하면 당연하게도 균형이 깨져버린다. 국가정신건강서비스포털 의학정보에 따르면 증상이 나아지더라도 약물 치료를 유지하지 않으면 5년 내에

° 가령 환시는 알코올의존증의 대표적인 금단 증상이다.

90퍼센트 이상이 재발한다. 그래서 처음 증상이 나타났을 때는 2~3년 정도 꾸준히 약물 치료를 하기를 권한다.

권준수 교수는 이를 당뇨병에 비유하며 "인슐린 분비 기능이 떨어진 사람에게 인슐린을 보충을 해주지 않으면 몸의 기능이 점점 나빠지는 것과 마찬가지"라고 말했다. 약을 줄이거나 끊을 때는 주치의와 반드시 상담해야 한다.

그 다음으로 많이 지목되는 재발 원인은 스트레스다. 스트레스 자체가 직접 증상을 일으키지는 않지만 스트레스 요인을 줄이거나 해소하면 재발을 최소화하는 데 도움이 된다. 우리 가족이 삼촌 주치의에게 많이 들었던 이야기도 "가능하면 무조건, 최대한 쉬게 해야 한다"는 것이다.

약을 잘 먹어도, 스트레스 상황이 없어도 재발을 하는 경우가 있다. 차승민 전문의는 "조울증처럼 주기가 확실한 것은 아니지만 조현병도 이유 없이 좋아졌다 나빠졌다 하는 흐름이 있다"고 말했다. 주기성을 보이는 질병이라는 것이다.

당사자와 가족 입장에서는 절망적인 이야기다. 하지만 재발했을 때 이런 사실을 모르는 것과 아는 것 사이에는 큰 차이가 있다. 모르는 경우 당사자와 가족은 서로를 탓하거나 자책하기 쉽지만, 주기성 질병이라는 것을 안다면 재발의 원인을 찾기보다는 치료에 더 집중할 수 있다.

TIP 2

진단명이 달라지는 이유

삼촌은 진단명이 여러 개다. 조현병, 양극성정동장애(조울증) 1형, 조현정동장애 진단을 받았다. 진단 기준이 있긴 하지만 정신과는 겉으로 나타나는 증상을 기준으로 진단을 내리기 때문에 누가 언제 진료를 보았느냐에 따라 진단명이 달라질 수 있다.

조현병과 조울증 1형, 조현정동장애는 겹치는 증상이 상당히 많다. 백종우 경희대학교 정신건강의학과 교수는 "특정 시점의 증상만으로는 세 가지 질환을 구분하기 어렵다"며 "장기간 시간을 두고 봐야 한다"고 말했다. 삼촌이 복용하는 약을 검색해보니 조현병에 쓰는 약, 조울증에 쓰는 약 등이 섞여 있었다.

증상이 비슷하고 복용하는 약도 비슷한 이유는 이들이 '조현병 스펙트럼'이라는 하나의 스펙트럼 상에 있는 질병이기 때문이다. 스펙트럼의 가장 끝에 조현병이 있고 중간 어디 즈음에 조울증, 조현정동장애가 있다. 반대편 끝에는 환청이나 망상 등의 증상이 한 달 이내에 사라지는 단기정신증이 있다.

하나의 스펙트럼 위에 놓여 있기 때문에 어디부터가 조울이고 어디부터가 조현이라고 무 자르듯 할 수 있는 건 아니지만 그렇다고 구분이 안 되는 것도 아니다. 기본적으로 조울증은 기분장애고 조현병은 사고장애다. 조울증에서도 망상이나 환각 증상이 나타나는데, 이때의 증상은 그 당시의 기분과 궤를 같이 한다.

《아빠는 즐거운 조울증》에는 작가이자 정신과 의사인 기타 모리오가 조증 시기에 벌인 일들이 잘 묘사되어 있다. 그는 들뜬 기분으로 밤낮 없이 주식거래를 하고 자신감이 넘친 나머지 '개복치 마부제 공화국'이라는 자신만의 나라를 세운다. 공화국 국기와 화폐를 만들고 지인들을 초대해 공화국 문화의 날도 개최한다. 그러다 울의 시기가 오면 아무도 만나지 않고 하루 종일 누워 지낸다. 하지만 조현병의 망상은 기분의 오르내림과는 관련이 없다.

조현병과 조울증의 또 다른 차이는 '끊어짐'이다. 차승민 전문의는 "조울증은 죽 지속되지 않고 삽화 단위로 발생한다"며 "끊어지는 시기가 있으면 조울"이라고 말했다. E. 풀러 토리도 《조현병의 모든 것》에서 "조울증은 개별 삽화 단위로 발생하며 삽화와 삽화 사이에는 정상 기능으로 되돌아간다"[5]고 말한다. 조현병은 개별 삽화 단위로 일어나는 일이 드물고 장애가 잔존한다.

조현병과 조울증의 증상을 모두 가지고 있을 때는 조현정동장애로 분류된다. 한국표준질병·사인분류는 조현정동장애를 '정동 및 조현병 증상이 모두 두드러져서 조현병 또는 조울병의 진단 어느 것에도 적합하지 않은 에피소드성 장애'로 정의하고 있다.

《정신질환의 진단 및 통계 편람(DSM-5)》에서는 조현정동장애 진단 기준으로 조현병 진단 기준을 만족하는 동시에 기분 삽화가 존재할 것, 기분 삽화가 없는 기간에도 망상이나 환각이 2주 이상 지속될 것, 기분 삽화의 기간이 전체 질병의 기간 중에 상당 부분 존재할 것, 약물이나 의학적 상태에 의한 것이 아닐 것 등을 제시하고 있다.

이외에도 망상장애, 단기 정신병적 장애, 조현형 성격장애, 물질·치료 약물로 유발된 정신병적 장애 등이 DSM-5에서 조현병 스펙트럼 및 기타 정신병적 장애로 분류되어 있다.

트라우마 없는 입원이 가능할까

8년, 삼촌이 기억하는 전체 입원 기간이다. 24살에 발병을 했으니 이후 인생의 5분의 1을 폐쇄병동에서 보냈다. 6개월 이상의 초장기 입원은 없었지만 잦은 재발로 삼촌은 2~3개월씩 폐쇄병동에 강제로 입원해야 했다.

강제입원(비자의입원)은 삼촌에게 큰 트라우마를 남겼다. 병원에 가는 줄 모르고 차에 탔다가 입원을 당하는 경우가 대부분이었다. 초기에는 차에서 내리자마자 도망을 쳐보고 붙잡는 병원 직원들에게 저항도 해봤다. 이런 시도가 성공한 적은 없다. 오히려 강박을 당하거나 독방에 들어가는 등 더 고통스러워질 뿐이었다. 삼촌은 "그래서 이제는 병원에 도착하면 그냥 체념해"라고 말했다. 삼촌의 말에 가슴이 아려왔다.

그러나 엄마와 할머니를 생각해도 가슴이 아린다.

병원 직원들이 삼촌을 제압하는 것을 눈 앞에서 보고, 싫다고 말하는 사람을 뒤로 하고 나오는 경험은 엄마와 할머니에게도 트라우마로 남았다. 삼촌이 입원한 날이면 집은 고요해졌다. 각자 방에 틀어박혀 아무 말도 하지 않았다.

하늬 입원당할 때 무서워?

삼촌 매번 긴장되고 무서워. 가족이 원망스러워. 나는 안 아픈데 네 엄마가 의사한테 "입원을 부탁합니다" 그러면 증오감이 생겨. 어머니가 "○○아, 들어가라" 이러면 정말로 감옥 문으로 들어가는 기분이지.

하늬 내가 삼촌 입원시켰을 때도 많이 무서웠어?

삼촌 신기하게 그때는 별로 안 무서웠어. 조카들이 있어서 안 무서웠어. 또 서울에 있는 병원은 뭔가 달라도 다를 거라는 생각이 들었어. 서울에 입원한 건 처음이거든. 다만 담배나 두 대 피고 들어갔으면 했는데 그게 아쉬웠어.

트라우마 없는 강제입원은 불가능하다. 김원영

변호사는 《실격당한 자들을 위한 변론》에서 강제입원 과정을 언급하며 "환자에게 치명적인 트라우마를 남기고, 환자의 남은 인격을 질환 자체보다 더 빠른 속도로 소멸시키는 것은 아닌지 우려스럽다"[6]고 썼다.

동의하지만 어떨 때는 강제입원 말고는 선택지가 없는 상황이 발생하는 게 현실이다. 삼촌은 증상으로 인해 파산을 하고 신용불량자가 된 경험이 있다. 갑자기 사라져 경찰에 신고를 한 적도 여러 번이다. 강제로 입원하지 않았다면 삼촌의 상태는 어땠을까. 노숙인이 되거나 최악의 경우 죽었을지도 모른다. 이런 현실에서 가족이 할 수 있는 건 입원 후 트라우마를 최소화하려는 노력[○] 정도다.

입원할 때마다 삼촌은 다른 이들을 보며 생각했다고 한다. 나는 저 정도로 미치지는 않았다. 저런 사람들과는 말도 섞기 싫다, 빨리 이곳에서 나가야겠다.

그 다짐은 며칠 가지 못했다. 하루 이틀만 지나도

○ 송승연 한국장애인개발원 부연구위원은 "강제로 입원을 했다 해도 당사자가 권리를 가지고 있다는 것을 알려주는 게 중요하고 가족과 당사자가 소통하며 의료진과 함께 퇴원 계획을 같이 짜는 것도 도움이 될 수 있다"고 말했다.

무료해지기 때문이다. 병원에 들어가는 순간 삼촌의 일상에서 중요한 부분을 차지하는 담배, 커피, 휴대전화 등은 제한되고 그나마 특별한 일이 공중전화로 가족에게 전화를 하는 것인데 퇴원을 시켜달라는 말 외엔 별로 할 말이 없다.

무료함을 견디기 위해서는 사람들과 어울려야 했다. 삼촌은 탁구를 치고 전화카드를 빌려주고 간식을 나눠먹으며 사람들과 가까워졌다. 삼촌의 사교성은 나쁘지 않았던 것 같다. 삼촌은 병원에서 친구를 사귀었고 젊은 시절에는 병원에서 만난 이와 짧게 연애도 했다.

하늬 친구 누구?

삼촌 만날 통화하는 ○ 목사. 실제 목사는 아닌데 그렇게 불러주면 좋아해. 키도 작은 게 완전 깡패야. "형~ 나 전화카드 좀 줘" 이러면서 남의 전화카드를 다 뺏어. 웃기는 놈이야. 그놈이 퇴원하면서 병원 사람들 전화번호를 전부 적어갔는데 나중에 전화가 오더라고. 퇴원하고 한 번 만났어. 다른 친구도 있는데 걔는 휴대폰이 없어. 돈이 없어서 그런 거 같아. 내가 편지를 쓴다고 했는데 이름도 까먹었네.

하늬 병원에서 만난 사람이랑 연애한 건 언제야?

삼촌 20대 후반이야. 그때는 남녀가 같은 병동을 쓰기도 했거든. 그 사람은 오빠한테 대들었다가 입원을 당했대. 그 애는 진짜로 아무렇지도 않았어. 약을 먹어도 취하는 것도 없고 병원에서도 잘 견뎠어. 신기했지. 병원에서는 이냥저냥이었는데 퇴원하고 병원에 약 타러 갔다가 마주쳤어. 이후에 몇 달 만났지.

하늬 의료진이나 직원이랑 사이는 어때?

삼촌 전반적으로 병원 사람들은 환자들을 무시하는 느낌이 들어. 병원 사람들 중에 환자들을 진심으로 이해하는 사람은 절반 정도? 내 생각은 그래.

그렇게 입원 생활의 무료함을 견디면서 가족에게 퇴원시켜달라는 말을 100번 정도 하고 나면, 즉 3개월 정도가 되면 퇴원을 했다.

삼촌은 입원을 싫어하면서도 입원의 효과는 긍정했다. 제때 끼니를 챙길 수 있고 잠을 푹 자는 등 규칙적인 생활을 할 수 있어서다. 약을 잘 복용하지 않아 재발한 경우라면 병원에서 약을 꼬박꼬박 챙겨 먹는 것만으로도 증상이 완화될 수 있다. 약을 무척 잘 복용하는 삼촌은 다른 사람들에게 "약을 꼭 먹어야 한다. 그래야 빨리 퇴원할 수 있다"며 약물 치료의 중요성을 설파하고 다녔다고 한다.

실제 삼촌의 간호경과기록지를 보면 증상이 나아지는 게 보인다. 입원 2~3주째까지는 짜증스러운 말투, 간호사에게 욕설과 반말, 간호사와 다른 환자에게 삿대질, 비협조적인 태도 등의 기록이 많다. 한 달이 넘어가면서는 차분히 생활함, 병동 생활 협조적 등의 기록이 많고 퇴원 직전에는 협조적인 태도, "간호사님 항상 감사합니다, 간호사님 오늘도 잘 부탁드릴게요, 덕분에 많이 나았습니다"라고 말한 기록이 있다.

강제입원은 당사자와 가족 모두에게 마지막 선택지다. 서로에게 덜 고통스러운 선택지가 있었으면 좋았겠으나(반드시 있어야 한다) 그럼에도 최악이기만 한 선택은 아니었다고 믿고 싶다.

TIP
3

입원의 모든 것

'정신병원 입원'이라는 말에서 긍정적인 이미지를 떠올리기는 쉽지 않다. 하지만 입원이 필요한 상황이 있고 입원 치료의 장점도 있다.

자신과 타인을 해할 위험이 있는 경우, 증상이 심해져 일상생활에 지장을 주는 경우, 약물 조절로 부작용이 심하게 나타났거나 부작용이 나타날 것으로 보이는 경우 등에는 외래 치료보다는 입원 치료가 더 적절하다고 한다.

입원의 장점은 의료진이 통제된 환경에서 환자를 관찰할 수 있다는 점이다. 약물의 작용·부작용을 바로 확인할 수 있어 약물 조절이 용이하다. 삼촌도 약물 조절 부작용이 걱정돼 자의입원을 고려한 적이 있다. 지능검사와 MRI 등의 검사를 통해 정신증 증상이 치매나 뇌종양 등 다른 질병으로 인한 것은 아닌지도 확인할 수 있다.

다른 병과 마찬가지로 정신질환도 증상이 나타날 때 빨리 치료를 하는 것이 좋다. 차승민 전문의는 "보통 증상이 조금씩 나타나가다 갑자기 확 나빠지는 경향이 있기 때문에 당사자나 가족이 조금 이상하다고 느낀다면 서둘러 병원에 가는 게 안전하다"고 말했다. 증상이 심해진 이후에는 강제입원을 할 가능성이 높고 입원 기간도 길어진다.

입원 절차는 자의입원, 동의입원, 보호입원, 행정입원, 응급입원 등 총 5가지로 나뉜다. 자의입원은 당사자가 병원에 입원을 요청하는 것이다. 동의입원은 자의입원과 비자의입원(강제입원) 중간에 있는 형태다. 당사자가 입원 필요성을 인지한 상황에서 보호자 동의를 받아 입원하는 것인데, 당사자와 보호자 모두 동의를 하면 퇴원이 가능하나 그렇지 않을 경우 다른 형태의 입원으로 전환될 수 있다.°

보호입원, 행정입원, 응급입원은 모두 강제입원으로 분류된다. 보호입원은 보호자 2명의 동의와 서로 다른 의료기관 소속 전문의 2인의 진단이 필요하다. 행정입원은 시군구청장의 동의와 전문의 2인(소속 무관)의 진단이

° 동의입원은 법으로는 자의입원에 해당된다. 하지만 현실에서는 보호입원이 어렵게 되자 강제입원을 우회할 수단으로 동의입원이 이용되고 있다는 비판이 있다.

필요하다. 응급입원은 의사(정신과 전문의일 필요 없음)와 경찰의 동의가 필요하다.

정신건강복지법은 비자의입원 요건으로, 입원 치료 또는 요양을 받을 만한 정도 또는 성질의 정신질환을 앓고 있을 것과 당사자 자신의 건강 또는 안전이나 다른 사람에게 해를 끼칠 위험이 있는 경우로 정하고 있다.

같은 입원이라도 당사자 상태에 따라서 적합한 병원이 다르다. 양성 치료가 필요하다면 급성기 병동, 음성 증상 때문에 재활이 필요하다면 다양한 프로그램을 운영하는 만성기 병동이 적합하다. 내·외과 치료를 같이 해야 한다면 종합병원에 입원하는 것이 바람직하다.

백종우 교수는 "최악의 선택 중 하나가 급성기 치료를 받아야 할 사람이 만성기 병원에 입원하는 것"이라며 "급성기 때는 적극적인 치료를 받아야 하는데 만성기 병원은 전문의 1명이 볼 수 있는 환자 수가 60명에 이르기 때문에 환자를 제대로 돌볼 수 없다"고 말했다. 제대로 된 돌봄을 받지 못해 증상 조절이 안 되면 격리·강박을 강하거나 독방에 갇히게 된다. 이런 경우 치료 효과는 미미하고 오히려 트라우마가 생길 수 있다.

특히 첫 입원은 의료 인력이 충분한 곳으로 알아보자.

인력에 여유가 있어야 의료진이 당사자 옆에서 설명·설득하는 등의 일이 가능하다. 백종우 교수는 "그래서 일본이나 대만의 정신병원은 아예 병실을 중환자실, 급성기 병상, 만성재활 병상으로 나눈다"며 "중환자실은 일반적인 내·외과의 중환자실처럼 굉장히 신경을 많이 쓴다"고 말했다.

치료 환경은 환자의 회복 뿐 아니라 강제입원 과정에서의 트라우마에도 영향을 준다. 차승민 전문의는 "깨끗하고 여유 공간이 확보되는 시설에서 좋은 의료진의 돌봄을 받으며 다양한 프로그램에 참여하는 당사자와, 좁아터지고 지저분한 시설에서 하루 한 시간 병원 앞 공터에서 운동을 하는 프로그램이 전부인 곳의 당사자가 기억하는 강제입원 경험은 서로 다를 수밖에 없다"고 말했다. 실제 삼촌은 서울의 병원에 입원한 경험은 "하늬 덕분에 내가 치료를 잘 받았다"고 기억했지만 지방중소도시 외곽의 만성기 병원에 입원한 경험을 두고는 계속 나를 원망했다.

병원에서 면회, 편지, 전화 등 통신의 자유는 환자의 권리이며 입원을 납득할 수 없을 때는 입원적합성 심사청구°를 할 수 있다. 입원 중에도 처우개선 심사청구와 그 결과에 대한 재심사 청구를 할 수 있다. 이런 권리가 침해될 때는 보건복지부 절차보조사업단[◦◦]의 도움을 받을 수 있다.

하지만 좋은 병원에 입원할 수 있는 사람이 얼마나 될까. 그런 병원은 주로 수도권에 있으며 병원비가 비싸다. 병상이 부족해 입원이 잘 되지도 않는다. 정신과 입원수가가 낮으니 병원에서 일정 수준 이상의 투자를 하지 않기 때문이다. 이는 결국 환자의 피해로 돌아간다.

강제입원은 고차방정식이다. 당사자와 가족의 이해가 엇갈리고 사회의 지원은 제한적이다. 병원마다 편차도 크다. 이는 예후는 물론이고 당사자와 가족 관계에도 큰 영향을 준다. 송승연 한국장애인개발원 부연구위원은 "그렇기 때문에 가족과 당사자 2자 대화만으로는 충분하지 않다"며 "입원이 필요할 경우 사회복지사나 동료지원가가 함께 논의할 수 있는 환경을 제공해야 한다"고 말했다.

◦ 입원적합성 심사가 대부분 서면으로 이뤄지고 있고 실제 퇴원으로 이어지는 경우도 매우 적어 제대로 심사를 해야 한다는 비판이 계속 나오고 있다. 맹성규 더불어민주당 의원이 2019년 10월 공개한 자료에 따르면 심사 건 중 1.5퍼센트만 퇴원 또는 퇴소로 이어졌다.

◦◦ 보건복지부 시범 사업으로 현재는 서울·경기·부산에서만 시행되고 있다. 보건복지부는 2023년 3월 해당 시범 사업의 제도화를 검토하고 있다고 밝혔다.

병원에 관한 정보는 지역 정신건강복지센터, 국립정신건강센터의 국가정신건강정보포털 등에서 찾을 수 있다. 각 지역의 가족 모임에서도 경험에 기반한 실질적인 정보를 얻을 수 있고, 가족 모임에 나가기 어려운 경우라면 사단법인 대한정신장애인가족협회에 도움을 요청할 수 있다.

환청, 가장 흔한 환각 증상

삼촌에게 혹시 여전히 환청이 들리느냐고 물었다. 환청은 조현병에서 가장 흔하게 나타나는 환각이다. 삼촌은 대답하지 않았다. 환청이 들린다고 해도 괜찮다고, 그냥 궁금해서 물어보는 거라고 하니 삼촌이 조용히 고개를 끄덕였다. 몇 년째 병원에 입원하지 않고 지내던 시기였기에 나는 무척 놀랐다. 삼촌은 정도의 차이만 있지 늘 환청이 들린다고 했다.

삼촌은 때때로 다른 사람의 말에 집중을 못 한다. 보통 엄마나 할머니는 뭘 시키기 위해 삼촌을 부르기 때문에 나는 삼촌이 일부러 대답하지 않는다고 생각했다. 할머니와 엄마는 "대체 정신을 어디에 두고 사느냐"며 타박했고 나는 "일하기 싫어서 못 들은 척하는 거 보라"며 못 되게 굴었다.

그런데 그게 환청 때문이었다. 다른 사람이 부르는 소리를 한 번에 알아채기 힘들었던 것이다. 리베카 울리스는 환청이 들리는 상황을 이렇게 표현한다. "10인조 밴드가 연주하는 곳에서 TV를 켜놓은 채 라디오에 귀 기울인다고 생각해보자. 또는 최근에 사랑하는 사람이 죽은 일을 떠올리며 슬픔에 잠겨있는데, 느닷없이 어떤 목소리가 몇 년 사이 들어본 것 중에 가장 웃기는 농담을 들려주는 상황을 그려보자."[7]

환청이나 환시 같은 환각은 다른 사람에게는 보이지 않고 들리지 않아도 당사자에게는 생생하게 존재하는 현실이다. E. 풀러 토리는 "뇌가 그 소리를 듣는다는 의미에서 그 목소리는 실제이다"[8]라고 말했다. 나는 냄새에 민감하다. 내가 맡은 냄새를 다른 사람들은 못 맡는 경우가 있다. 그럴 때 환취°라는 생각을 하지는 않는다. 그냥 창문을 열어 환기를 시킨다. 내게는 생생한 냄새이기에 창문을 여는 행동으로 연결되는 것이다. 삼촌의 환청도 이런 경험과 비슷하지 않을까.

° 幻嗅, 실제로는 냄새가 없는데 독가스 냄새, 악취, 불쾌한 냄새 등을 지각하는 것으로 환각의 일종이다.

하늬 환청이 계속 들리면 힘들지 않아?

삼촌 하도 오래 들었으니까 힘들지는 않아. 내가 원하는 대로 환청이 들릴 때는 기분이 좋아. 그런데 너무 자주 들리면 '아, 병이 온다' 이런 생각을 하지.

하늬 환청이랑 대화도 해?

삼촌 내가 뭘 물어보면 대답을 해줘. 환청이 옳은 말을 할 때도 있어. 남자는 남자 목소리, 여자는 여자 목소리야. 실제로 사람이 말하는 것처럼 들려. 진짜처럼.

하늬 와, 삼촌은 안 심심하겠다. 언제든지 이야기할 수 있어서.

삼촌 (웃음) 그런데 환청이 안 들릴 때 더 마음이 편해.

환청의 목소리와 내용은 상황에 따라 달라졌다. 처음 병원에 입원한 이후에는 "국정원이 너를 병원에 입원시킨 것"이라는 목소리를 들었다. 자신이 아파서가 아니라 어떤 이유에서 삼촌을 못마땅해한 독재정권이 자신을 '정신병자'로 만들었다는 것이다.

우리 엄마 아빠가 결혼한 이후에는 "내가 사실 ○ 대위인데 지금 하늬 아빠로 변장을 하고 있다"는 목소리를 들었다. 실제 삼촌이 알던 ○ 대위의 목소리였다. ○ 대위는 엄마가 사귀었던 사람이다. 엄마에 따르면 삼촌은 그를 무척 따랐다. 그래서 엄마와 아빠의 결혼은 삼촌에게 일종의 실망을 안겨주었던 것 같다.

삼촌이 결혼을 한 뒤에는 숙모(삼촌의 전 배우자)가 사실은 정○○라는 목소리가 들렸다. 정씨는 20대 초반에 딱 두 번 만난 사람으로, 삼촌은 정씨가 자신의 운명이라고 생각했다. 한눈에 반한 것이다. 정씨 목소리의 환청은 삼촌이 듣고 싶은 말만 골라서 해줬고 삼촌은 그 목소리와 대화를 나눴다.

하늬 그 대위는 왜 아빠로 변장한 거야?

삼촌 그 사람은 군부독재 정권의 군인이고 우리 누나는 농민운동을 하는 사람이니까 결혼을 할 수가 없잖아. 그래서 농민운동을 하는 사람으로 변장을 한 거야.

하늬 지금은 어때? 여전히 다른 사람이 우리 아빠로 변장한 거라고 생각해?

삼촌 그 생각을 하면 내가 아프게 되니까 안 하려고 해. 그런데 그렇게 되면 좋지. (왜 좋아?) 그 사람은 육군사관 학교를 나오고 참 똑똑해. 키도 크고 잘생겼어. 그런데 이제 조카들도 컸으니까 그런 생각은 안 하려고 해.

하늬 지금 우리 아빠는 못생겼다는 거야? 나 아빠 닮았는데?

삼촌 말이 그렇다는 거야. 너는 아빠 닮았어도 이쁘지.

상당수 조현병 당사자는 환청으로 힘들어한다. 흔하게는 자신을 비난하는 목소리를 듣고 심한 경우 누군가를 죽이라거나 자살하라는 목소리를 듣기도 한다. 내가 만난 한 당사자는 "너만 죽으면 다 해결된다"는 환청을 듣고 목숨을 끊으려 한강에 간 적이 있다고 했다. 단순히 환청이 시켜서가 아니라 그런 말이 반복적으로 들리는 상황이 괴로웠다고 했다. 그런 악담을 계속 듣는다면 누구라도 혼란스러워질 수밖에 없다.

다행히 삼촌이 듣는 환청은 자신이나 타인을 해하라는 것이 아니고 오히려 자신이 듣고 싶은 내용인 경우가 많았다. 그럼에도 삼촌은 환청이 들리지 않는 상황이 더 좋다고 했다. 환청이 심해지면 다른 사람과의 대화에 집중이 어렵고 현실이 뒤죽박죽되는 느낌이 들어서다. 환청을 있는 그대로 인정하는 '목소리 듣기 운동'[○]도 있지만 환청으로 인해 불편함이 크다면 약물로 증상을 조절하는 것을 권하고 싶다.

○ Hearing Voice Movement, 〈가톨릭뉴스 지금여기〉 "정신과적 증상인 환청이 목소리가 되었을 때" 기사에 따르면 목소리 듣기 운동은 목소리가 심각한 고통을 유발할 수 있다는 것을 인정하면서도, 목소리를 들어줌으로써 그들과의 관계에 대처하고 변화시키는 것이 가능하다는 입장을 채택하고 있다.

망상, 가장 고치기 힘든 증상

사회복지학 사전에 따르면 망상은 사실과는 다른 생각, 그 사람의 교육 정도나 환경에 부합되지 않고 현실과 동떨어진 생각이며 이성이나 논리적인 방법으로 교정되지 않는 사고장해다. 전문가들은 망상을 가장 고치기 힘든 증상으로 꼽는다.

삼촌은 아프지 않을 때는 자신이 현실과 동 떨어진 생각에 사로잡혀 있었다고 인정한다. 삼촌이 스스로 자신의 증상을 써놓은 목록을 보면 "북한의 장군이 우리 큰아버지라는 생각이 든다", "두 번 본 사람을 내 여자라고 생각한다", "증조부가 독립운동가라고 생각한다" 등이 있다.

하지만 재발하면 어김없이 망상에 빠지면서 병식이 사라졌다. E. 풀러 토리는 "병이 온전히 발현하면서 질병

인식이 사라지는 경우도 많다. 이는 그리 놀라운 일이 아니"라며 "조현병은 뇌에 기능 이상이 생긴 병이며, 우리가 자신에 관해 생각할 때 사용하는 것이 바로 뇌이기 때문"[9]이라고 말했다.

망상이 현실에 큰 영향을 주지 않는다면 굳이 교정할 필요가 없을지도 모른다. 대릴 커닝엄의 만화 《정신병동 이야기》에는 망상 장애를 가진 버스 운전사가 나온다. 그는 자신이 어린 시절 살인마의 눈을 이식받았으며 등에는 구멍이 뚫려 있다고 믿는다. 저자는 그를 정신병원에 입원시킬 이유는 없다고 말한다. 망상이 본인의 신체를 중심으로 형성되어 있기에 본인이나 타인에게 피해를 입힐 가능성이 낮다는 것이다.

한 정신과 전문의도 "내가 잠든 사이에 빨간 옷을 입은 뚱뚱한 (산타클로스) 할아버지가 몰래 와서는 내 머리맡에 뭘 놓고 간대요. 이건 안 무섭나요?"라며 "이렇게 사회적으로 합의된 망상에 관해선 그냥 넘어가고 심지어 즐기면서, 당사자의 망상에는 왜 이렇게 각박한 잣대를 들이대는지 모르겠다"며 자·타해 위험이 없다면 넘어가도 된다고 말했다.

그러나 삼촌의 망상은 자신과 타인에게 피해를 주곤

했다. 예를 들면 이런 식이다. 삼촌은 자신의 증조부가 독립운동가라고 생각하는 데서 멈추지 않고 독립운동 관련 단체에 연락해 자신이 아무개의 후손이라 주장했다. 나아가 그 단체에서 일하는 여성이 자신에게 반했다고 생각해 계속 연락을 하고 그 사람에게 택배로 할머니 금반지까지 보냈다.

가족이야 삼촌이 순하고 물리적인 폭력을 행사하지 않는 사람인 걸 알지만 그런 걸 알 리 없는 그 사람은 어떤 기분이 들었을까. 단순히 귀찮고 짜증이 났을 수도 있지만 큰 공포를 느꼈을 가능성이 크다. 그가 삼촌을 스토커로 신고하지 않아 다행이었지만 신고를 했다 해도 할 말이 없다. 그는 삼촌 전화번호를 차단했고 금반지를 돌려보냈다.

이처럼 삼촌의 망상은 종류가 다양했는데, 특히 가족을 힘들게 한 망상은 사업에 관련한 것이다. 다른 망상에 대해서는 시간이 지나면 "그때는 내가 생각이 짧았다" 혹은 "말이 안 되는 생각이다" 는 식으로 인지했지만 사업에 관한 망상은 그런 인지조차 없다.

고등학교 시절 삼촌은 내가 공부하던 도서관으로 찾아오곤 했다. 우리는 자판기 커피를 하나씩 뽑아들고는 도서관 입구 계단에 걸터앉아 이야기를 나눴다. 삼촌은 내게 사업 구상을 들려주었다. 국회의원과 국세청, 국정원 등이 자신을 도와주고 있으니 공장을 짓는 것은 금방이라고 했다. 그러면서 엄마와 할머니에게는 비밀이라고 덧붙였다. 삼촌이 아픈 줄 몰랐던 나는 진지하게 삼촌의 말을 들었고 믿었다.

내가 비밀을 지키는 사이 삼촌은 돈을 펑펑 쓰고 다녔다. 자기가 아는 사람들은 물론이고 우리 부모의 지인들까지 찾아가 사업 구상을 말하고 다녔다. 할머니와 엄마의 귀에 삼촌이 좀 이상하다는 말이 들려왔을 때는 이미 일이 크게 벌어진 이후였다.

생수 공장, 학교법인, 정신병원…… 사업 내용만 바뀔 뿐, 수십 년 동안 이런 상황이 반복됐다. 외갓집은 점점 가난해지다가 나중에는 아주 가난해졌다. 삼촌은 처음에는 회사나 재산을 담보로 은행에서 대출을 받다가 회사가 줄줄이 망하고 재산도 남지 않자 신용카드를 돌려 막으면서 돈을 썼다. 신용카드를 만들 수 없게 되자 주변 사람들에게 돈을 빌렸다. 그마저도 안 되자 제3금융권을 이용했고 결국 삼촌은 신용불량자가 됐다.

전문가들이 망상을 가장 고치기 힘든 증상으로 꼽는

이유는 망상이 어느 날 갑자기 '뿅' 하고 생기는 게 아니라 차곡차곡 단계를 거쳐 완성되는 생각이기 때문이다. 예컨대 삼촌은 자기 집의 평수가 111제곱미터인데 이는 국정원 신고번호와 같다며 "너무 신기하지 않냐"고 했다. 이런 생각들이 꼬리에 꼬리를 물고 이어져 국정원이 자신의 사업을 도와주고 있다는 결론이 도출되는 것이다. 삼촌 입장에서는 이렇게 신기한 일들을 하나로 연결시키지 못하는 내가 답답할지도 모른다.

장우석 사회복지사는 책 《당신은 아파했던 만큼 행복할 수 있는 사람입니다》에서 망상과 관련해 "약물이 해결해줄 수 있는 망상은 표면적인 것"이라며 "약물을 통해 망상이 어느 정도 잡힌 이후에는 정신과 의사 혹은 전문상담사, 멘토와 함께 망상의 잔재를 걷어내고 허구성을 분석"하는 과정이 치료에 꼭 필요하다고 봤다.[10]

삼촌이 환청을 통해 자기가 듣고 싶었던 말을 들었던 것처럼, 삼촌의 망상 역시 기괴한 생각보다는 주로 희망이나 바람에 관한 것이었다. 삼촌은 사업을 해서 돈을 많이 벌면 '탈빚'을 하고 우리에게 아파트를 한 채씩 사주고 싶다고 했다. 그리고 자신을 이해해주는 연인을 바랐다.

하지만 돈이든 사람이든 어느 것 하나 삼촌이 바라는 대로 흘러가지 않았다. 애초에 현실 감각이 없는 계획이니 그렇게 흘러갈 수가 없었다. 그럼에도 이 과정에서 삼촌이 행복했다면 최악은 아닐 것이다. 삼촌은 그 모든 게 괜찮았을까. 망상에서 비롯된 일들과 이어진 실패들, 삼촌은 어떤 감정을 느꼈을까. 나는 묻지 못했다.

TIP
4

가족들은 증상에 어떻게 대응해야 할까

영화 〈사이보그지만 괜찮아〉의 주인공은 거식증 당사자다. 자신이 사이보그라고 생각해 밥 먹기를 거부한다. 너는 사이보그가 아니니 밥을 먹어도 괜찮다는 말은 먹히지 않는다. 주인공은 거식증으로 하루하루 말라간다. 주인공을 설득시킨 말은 너는 사이보그가 아니니 밥을 먹어도 괜찮다가 아니라 '사이보그지만' 밥을 먹어도 괜찮다는 것이었다.

영화를 보며 삼촌의 증상을 대하는 나의 태도를 돌아봤다. 삼촌이 기업 총수의 배우자를 꼭 만나야 한다고 한 적이 있다. 그 사람도 자기의 존재를 알고 있다고 했다. 나는 삼촌의 생각이 틀렸다는 것을 증명하려 했지만 설득은커녕 매번 싸움으로 끝났다.

답답함을 호소하던 내게 삼촌의 주치의는 그 생각에 동조하지도 반박하지도 말라고 조언했다. '삼촌이 그렇게 생각하는 건 알겠는데 나는 잘 모르겠네' 혹은 '삼촌이 원하는 게 뭔지 알겠지만 일단 지금은 치료부터 생각하자'는 식이다. 이는 증상과 관련해 내가 처음으로 들었던 조언이다. 그 누구도 우리에게 증상에 대응하는 방법을 알려준 적이 없다. 망상이나 환청에 대응하는 적절한 방법이 이미 있었다니! 누가 이런 걸 진작 알려줬으면 좋았을 텐데.

가족은 당사자와 가장 가까운 거리에서 영향을 주고받고 또 고통도 주고받는 존재다. 전문가들은 하나같이 가족 교육의 중요성을 강조한다. 가족이 병을 이해하지 못하면 상황이 더 나빠질 게 뻔하다. 가족은 당사자를 이해하지 못하고 당사자는 그런 가족을 원망하는 식이다. 자녀가 아플 경우 '당신 때문에 애가 이렇게 됐다'며 서로를 비난하는 부부도 적지 않다.

그러다 가족이 지쳐 나가떨어지면 당사자의 고통은 배가된다. 가족과의 갈등은 당사자를 더 힘들게 한다. 리베카 울리스는 "소외감, 공허함, 외로움, 버림받은 느낌에 끊임없이 시달리면서 우울증에 빠지지 않는다면 오히려 이상한 일"이라며 이를 "질병의 2차적 증상"이라고 했다.[11]

가족은 조현병이 사고(思考)의 질병이라는 것부터 알아야 한다. 증상이 있을 때 당사자는 현실적·논리적으로 생각하기 어렵다. 이를 알고 나면 환각이나 망상에 대응하기가 한결 쉬워진다.

망상에 동조하거나 반박하지 말라는 것은 망상을 무시하라는 게 아니다. 망상의 내용은 당사자에게 중요한 것이기에 이를 듣고 받아들여야 한다는 의미에 가깝다. 차승민 전문의는 "게다가 망상은 너무 견고해서 부술 수가 없다"며 "논쟁을 해봤자 서로 적의만 생기니까 망상을 부수려는 노력보다는 일상을 유지하는 데 힘을 쓰는 게 낫다"고 말했다.

환각도 마찬가지다. 가족에게는 안 들리고 안 보이는 것이지만 당사자에게는 현실이다. 따라서 '그런 소리가 안 들리는데 무슨 말을 하느냐'는 반응보다는 그 증상이 당사자를 힘들게 하는지, 어떤 조치를 취하고 싶은지, 가족이 무엇을 도와주면 좋을지를 물어보는 편이 좋다.

당사자가 쉽게 짜증이나 화를 내거나 폭력적인 상태가 될 때 가족은 정서적·물리적으로 한 발짝 거리를 유지하는 게 중요하다. 같이 화를 내면 서로 상처만 줄 뿐이다. 송승연 부연구위원은 "그런 상황에서는 무조건 약을 먹여서 진정시키는 게 아니라 당사자의 마음이 편해질 수 있는 환경을 조성하는 게 우선되어야 한다"고 말했다. 폭력적인 일이 반복된다면 정신건강복지센터의 담당 사회복지사나 경찰에 도움을 요청할 수 있다.

일상에서는 스트레스를 최소화하려는 노력이 필요하다. 전문가들은 당사자에게 정해진 일과가 있는 게 좋다고 말한다. 예고 없이 발생하는 일은 당사자에게 스트레스가 될 수 있다. 다른 사람과 부딪히지 않는 혼자만의 공간 확보도 중요하다.

E. 풀러 토리는 일상에서 가족에게 필요한 태도로 "전체를 볼 줄 아는 감각, 병에 대한 수용, 가족 간의 균형, 현실적인 기대" 등 네 가지[12]를 꼽는다. 이때 수용이나 현실적인 기대는 방치·포기하라는 의미가 아니다. 가령 쓰레기가 쌓여있는 방에서 지내는 것은 수용이 아니라 방치에 가깝다. 모든 것을 병 때문이라고 여겨서는 안 된다. 당사자가 할 수 있는 일은 최대한 하도록 독려하고 같이 사는 경우라면 규칙을 정하는 것이 도움이 된다.

삼촌의 경우 집 안에서는 담배를 피우지 않기, 자기가 먹은 것은 설거지하기, 이틀에 한 번씩 집 전체 청소기 돌리기 등이 규칙이었다. 운동 부족을 해결하기 위해 하루 만 보씩 걸으면 일주일에 2만 원을 주는 규칙°도 있었다. 이런 일은 당사자에게도 도움이 된다. 권준수 교수는 "이때 너무 간섭을 하면 당사자가 스트레스를 받기 때문에 조금 떨어져서 혼자 하는 걸 지켜봐주고 여유를 주는 게 중요하다"며 "그래야 가족도 지치지 않을 수 있다"고 말했다.

이 모든 것이 쉽지는 않다. 원고를 쓰기 위해 책과 자료를 읽고 전문가를 인터뷰해도 막상 누워 있는 삼촌을 보면 여전히 화가 난다. 하지만 화를 내서 삼촌의 증상이 나아지거나 상황이 해결된 적은 없었다. 서로의 고통을 덜기 위해서는 반드시 공부와 연습이 필요하다.

◦ 리베카 울리스는 《사랑하는 사람이 정신질환을 앓고 있을 때》에서 실제로 현금이 "강력한 유인책"이라고 말한다. 이를 이용해 "고립된 환자를 밖으로 끌어내고, 사람들과 관계를 맺게 하고, 몸을 움직이게" 하는 등 다양한 효과를 기대할 수 있다는 것이다.[13]

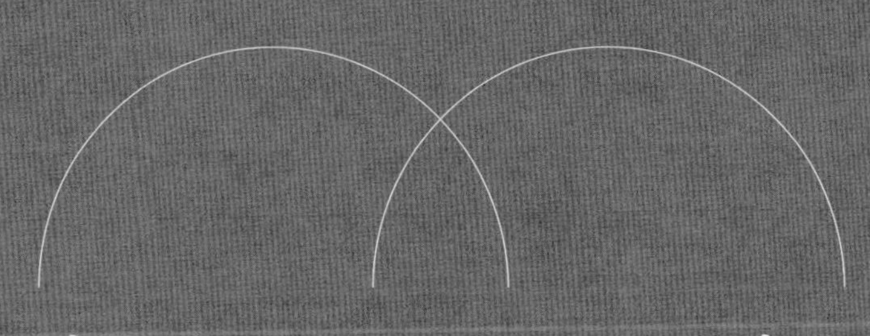

가족,

2

곁을 지키는 사람들

삼촌이 아플 때마다 엄마는 최선을 다했다

"사랑하는 나의 동생 ○○아.

오늘은 비가 온다. 글을 쓰다가도 창밖을 바라보아도 길을 걷다가도 밥을 먹다가도 우리의 슬픔은, 누나의 가슴은 네게 있다. 이제는 그 엄청난 죄스러움과 (너는 감금된 상태에 있는데 누나는 평상시와 같이 밥을 먹고 잠을 자고 웃기도 하고 이런 모든 것들이……) 슬픔이 가슴 밑바닥에 앙금처럼 가라앉았다.

사랑하는 ○○아, 네게는 아무것도 묻고 싶지 않다.

묻는다는 것 자체가 누나에게는 아픔이다.

우리는 열심히 살아야 한다. 우리가 다시 만날 때 그때는 새롭게 시작하자. 우리의 지난날들을 돌이켜보면서 잘못된 것은 반성하고 앞으로는 많은 것을 포용하면서 살아가자.

건강한 모습으로 다시 만날 때까지 안녕.

1991년 1월 21일 누나가.

추신.

네가 보고 싶어서 길을 가다가 공책을 샀다.

하느님은, 우리의 하느님은 계신 걸까. 하느님. 우리 동생 ○○아."

엄마와 삼촌은 두 살 터울이다. 베이비붐 세대답지 않게 형제가 매우 적은 편이다. 그래서인지 끔찍하게 사이가 좋았다. 초등학교 시절까지 둘이 꼭 끌어안고 자곤 했다. 엄마는 어린 나이에도 맛있는 걸 먹으면 삼촌 생각에 음식이 넘어가지 않았다.

두 사람 사이가 이토록 각별했던 건 둘 밖에 없다는 애틋함도 있었지만, 서로를 챙겨야만 했던 가정환경 때문이기도 했다. 할아버지는 늘 술을 마셨고 사고를 쳤고 바람을 피웠다. 할아버지와 바람을 피운 상대 여성이 스스로 목숨을 끊는 일까지 벌어졌다. 할아버지는 그 사건 이후에도 바람을 피웠다.

당연히 부부싸움이 끊이지 않았다. 할머니는 엄마와

삼촌을 사랑했지만 제대로 돌볼 수 없었다. 엄마는 초등학교 시절부터 삼촌의 숙제를 챙기는 등 사실상 부모 역할을 했고 삼촌도 부모보다 누나 말을 더 잘 들었다. 엄마는 불행한 가정환경이 삼촌의 발병에 결정적인 영향을 미쳤다고 생각한다.

하늬 어떻게 그렇게 사이가 좋았어?

엄마 싸우는 부모, 불행한 가정에서 믿을 건 형제밖에 없었으니까 내가 동생을 돌봐야 한다고 생각했어. 성인이 되어서는 내가 세상 물정을 잘 모르니까 걔가 나를 돌봐줬지.

하늬 같은 가정환경에서 자랐는데 왜 삼촌만 발병을 했을까.

엄마 나는 조금 냉정했어. 부모가 싸우든지 말든지 신경을 안 쓰려고 노력했지. 그런데 그 애는 거기에 너무 매달리더라고. 늘 울고불고 하면서 싸움을 말렸어.

너무 가까웠고 또 믿었기에 삼촌이 상식 밖의 행동을 했을 때도 의심하지 않았다. 발병 직전, 삼촌은 할아버지가 운영하던 택시회사 외에 본인 사업을 시작했다. 시내 중심가에 있는 큰 빌딩 두 개 층을 빌렸다. 사업과는 아무런 관련이 없는 대학 운동권 출신들을 직원으로 채용했다. 그러고는 자기 비서가 서울대를 나왔다는 등의 말을 하고 다녔다. 돌이켜보면 구체적인 계획이나 자금도 없이 사업을 시작한 것 자체가 말이 안 됐지만, 당시에는 다 생각이 있겠거니 하고 그냥 믿었다.

삼촌이 북한에 큰아버지가 살아 계시다는 이야기를 했을 때도 이상하다고 생각하지 못했다. 큰아버지의 행방불명(사망)은 가족에게 큰 아픔이었기에 살아 있다는 소식 자체가 너무나 기뻤다. 엄마와 삼촌은 서로 부둥켜안고 울었다.

하늬 그 말을 믿은 게 더 신기해.

엄마 지금 생각하면 어이가 없어서 웃음이 나오는데 그때는 전혀 의심을 안 했어.

하늬 나중에 삼촌이 아프다는 걸 알게 됐을 때 어땠어.

엄마 그 애를 병원에 입원시키고 돌아오는데, 정말 세상이 무너지는 것 같았어. 내가 세상에 의지할 수 있는 사람은 그 애뿐이었는데, 앞으로 우리는 어떻게 살아가야 하나 막막하고 무섭고…….

삼촌이 아플 때마다 엄마는 최선을 다했다. 휴대전화도 없던 시절, 삼촌을 찾으러 낯선 도시를 헤맸고 입원을 시켰다. 하루는 부산의 경찰서에서, 며칠 뒤에는 대구에 있는 경찰서에서 전화가 오는 식이었다. 삼촌은 엄마가 누구보다 자신을 위하고 사랑한다는 것을 알았기에 엄마 말은 잘 들었다.

입원 기간에는 어떻게든 시간을 내서 면회를 갔다. 면회 갈 때마다 병실 사람들과 의료진 간식을 바리바리 쌌다. 병원에 오래 있을수록 완치에서 멀어진다고 생각했기에 '광기'만 사라지면 퇴원을 시켰다. 집에서 잘 재우고 잘 먹이고 편하게 해주려 했다.

삼촌이 결혼한 후에도 병원비와 약값 등은 모두 엄마가 지불했고 늘 삼촌에게 살가웠다. 숙모가 "언니가 부모"라고 말할 정도였다. 이혼한 이후에는 삼촌에게 매달 생활비를 줬다. 삼촌은 엄마 월급날에 맞춰 직장 앞에서 엄마를 기다리곤 했다. 엄마는 돈을 받아서 가는 삼촌의 뒷모습을 보면 가슴이 아파서 눈물이 났다고 했다.

엄마는 늘 수수한 모습이었다. 화장은 전혀 하지 않았고 반지와 목걸이 같은 장신구도 할 줄 몰랐다. 언제나 트레이닝복을 입었고 "이것도 다 운동"이라며 무거운 짐을 지고도 늘 걸어 다녔다. 집에 돈이 없는 것이 아니었기에 우리 엄마는 원래 그런 사람이라고 생각했다. 이제와 생각해보니 그렇게 아낀 돈으로 할머니와 삼촌을 건사했던 것이다.

하늬 나 같으면 미워서 눈물이 났을 것 같아.

엄마 그때까지 미운 감정은 없었어. 내 자랑이었던 동생이 아프니까 어떻게 해서라도 낫게 해주고 싶었지. 언젠가는 꼭 나을 거라고 믿었거든.

전문가들은 지원을 아끼지 않는 가족이 있으면 당사자의 삶의 질이 좋아진다고 입을 모은다. 엄마의 정서적·물질적인 지원 덕에 삼촌은 아픈 와중에도 큰 문제없이 여기까지 왔다. 하지만 그런 엄마를 지원해주는 사람은 없었다. 할머니 역시 아픈 삼촌이 늘 우선이었다. 그런 세월이 40년 가까이 됐다. 엄마는 지쳐갔다.

40년간 해방된 적 없는 마음

《'나는' 괜찮지 않아도 괜찮아》는 장애인 형제를 가진 비장애인 여섯 명의 자전적 에세이다. 각기 다른 이들의 경험은 놀랍도록 비슷하다. 가족의 중심은 장애인 형제이며 비장애인 아이는 자연스럽게 부모의 관심 밖으로 밀려난다. 이들은 한결같이 부모와 장애인 형제를 돌봐야 한다는 책임감, 알아서 잘 해야 한다는 부담감, 힘들다고 느끼는 것으로 인한 죄책감 등을 안고 있었다.

책을 읽으며 엄마가 자주 떠올랐다. 삼촌의 발병 후 엄마에게 동생을 돌보지 않는다는 선택지는 없었다. 성인이 돼 각자 가정을 꾸리고 살면서도 엄마는 삼촌의 실질적인 보호자였다. 예전에 엄마가 쓴 일기장을 보면 삼촌 걱정이 빠지지 않는다. 동시에 늙어가는 부모와 어린 우리들을 돌봤다. 엄마가 짊어져야 했던 무게를 나는 상상할 수 없다.

"사랑하는 하늬

불쌍한 우리 아버지, 엄마

나의 동생

나는 가장이고 가장일 수밖에 없다.

1989년 3월 16일

○○하고 또 싸움을 했다. 이틀, 이틀만 열심히 해주고 이젠 관두자. ○○가 정상이 아닌 것만은 확실한데 엄마는 왜 보고만 있는가. 배반감과 서글픔이 나를 괴롭힌다. 아이들의 안정된 생활을 위하여 여건 조성을 해야 하는데 쉽지가 않다.

1989년 7월 10일

너의 아들은 귀엽고 사랑스럽다. 꼭 껴안으면서 어릴 적 우리 오누이의 절절한 정을 느꼈다. 차라리 누나가 너의 입장이라면 너는 분명히 나를 올바르게 만들어주었을 텐데. 누나가 너를 위해서 할 수 있는 게 아무것도 없구나.

1991년 1월 22일

네가 병든 중에 누나는 누나의 입장을 먼저 생각한 적이 있다. 내가 어려웠으므로 너까지 나의 어려움으로 들어오는 것이 싫었다.
1991년 1월 26일"

일기에서 삼촌을 향한 원망은 찾을 수 없었다. 누나로서 당연히 해야 하는 일이라고 생각했고 삼촌을 낫게 해주고 싶었다. 삼촌을 면회하러 간 어느 날, 병원에서 보호자 상담을 권했다. 보호자 상담이 뭔지 몰랐던 엄마는 "저는 정신이 안 아프다"고 말했다. 상담사는 그런 게 아니니 편하게 이야기를 하고 가라고 했다. 엄마가 처음이자 마지막으로 삼촌과 관련해 받은 상담이었다.

하늬 상담에서 어떤 이야기를 했어?
엄마 이것저것 물어보기에 답했지. 상담사가 나를 안고 울더라고. 그때 처음으로 내 처지를 알게 됐어. 늘 당연하다고 생각했는데 이야기를 하고 보니까 내 자신이 너무 안 됐어. 그 어린 나이부터 지금까지…… 그때 내가 40대 중반이었어. 그날 처음으로 나를 위해서 울었어.

하늬 일상에서는 그런 힘듦을 누구에게 이야기했어?

엄마 누구에게도 하지 못했어. 부모가 내게 의지하고 있으니 그런 말을 못 하겠더라고. 결혼하고 나서는 너희 아빠가 의지가 됐지. 곁에 누군가 한 사람이라도 있다는 게 정말 큰 힘이 돼.

삼촌은 증상이 나타나면 늘 돈을 요구했다. 그것도 한두 푼이 아니라 사업을 하겠다며 큰돈을 달라고 했다. 삼촌 때문에 온 식구가 은행에 저당 잡히지 않은 재산이 없을 정도였다. 지금도 삼촌은 돈이 필요하면 우리 엄마, 아빠 명의로 된 땅이나 아파트의 등기부등본을 떼어본다. 근저당이 얼마나 설정되어 있고 은행에서 얼마를 빌릴 수 있는지 확인하기 위해서다.

돈을 찾는 데도 귀신이었다. 가족의 통장과 신분증, 인감도장 등을 가져가 돈을 인출했다. 엄마의 연금까지 몰래 찾아서 써버렸다. 그럼에도 엄마는 삼촌을 외면하지 않았다. 사업 자금은 주지 못해도 몇 십 년 동안 생활비를 줬고 카드 빚 등 큰일을 수습했다. 최선을 다했다.

하지만 삼촌이 또 돈을 달라며 (엄마 표현에 따르면) '떼를 쓰던' 어느 날, 삼촌을 생각하던 엄마의 단단했던 마음에 금이 갔다. 엄마가 죽을힘을 다해 택시회사와 할아버지 입원비, 삼촌 약값 등을 감당하고 있을 때였다. 당시 엄마 일기를 보면 어떻게 하면 돈을 융통할지 걱정하는 이야기가 빠지지 않는다. 그런 엄마에게 삼촌은 사업 자금을 주지 않는다고 언성을 높이며 화를 냈다.

하늬 그런 거 보면 진짜 염치가 없어.

엄마 세월이 지나니까 내가 돈을 주는 걸 너무 당연하게 여기고, 안 주면 오히려 나를 원망하더라고. 내가 돈을 안 줘서 사업을 못 해서 자기 인생이 이렇게 됐대.

하늬 듣기만 해도 화가 나. 나였으면 벌써 외면했어.

엄마 내 형제니까 당연히 해야 한다고 생각했지. 그런데 내가 너무 힘드니까 이제는 우리 집에 안 왔으면 좋겠다는 생각이 들더라고. 그 생각이 또 너무 죄스러워서 혼자 울고 그랬어.

하늬 지금도 삼촌이 힘들게 하잖아. 나는 솔직히 삼촌이 없었으면 좋겠다는 생각이 들어.

엄마 엄마를 위해서라도 그런 생각은 하면 안 돼. 나는 아무리 힘들어도 걔가 없다고 생각하면 무섭고 끔찍해. 세상에 나 혼자 남겨지는 거잖아. 지금도 어떻게든 낫게 해주고 싶어. 그런데 엄마도 이제 늙어서 힘이 없어.

엄마가 없었다면 삼촌은 지금 어디에서 어떻게 살고 있을까. 꾸준히 경제활동을 할 여건이 안 되니 주거와 생계가 불안정했을 것이다. 적절한 때에 의료 서비스도 받지 못했을 것이다. 엄마가 전국을 다니면서 행방불명이 된 삼촌을 찾지 않았다면 노숙인이 되었거나 수용 시설에 갇혀 있을 가능성이 높다. 아니 65세까지 살아 있었을 거라고 장담하기도 힘들다.

엄마는 인터뷰를 하면서 자주 울었다. 40년 이상 엄마는 삼촌에게서 해방된 적이 없다. 삼촌을 향한 애정과 연민, 미움과 원망 등 복합적인 감정이 엄마를 힘들게 했다. 이런 버거운 상황 탓에 엄마 역시 여러 차례 심각한 우울증을 앓았다. 엄마는 아파트 난간을 지날 때마다 뛰어내리고 싶은 충동에 시달렸다고 했다.

삼촌은 엄마의 이런 힘듦을 모르는지, 지금도 여전히 엄마에게 돈을 달라고 한다. 돈을 달라고 할 명분이 바닥나자 나와 내 동생을 '키워준' 대가를 요구하기도 했다. 나와 동생은 어린 시절 외갓집에서 자랐다. 그날 엄마는 "그건 사람으로서 할 수 없는 말"이라며 "내가 뭘 잘못했는지 모르겠지만 이제 끝낼래. 아무도 모르는 곳으로 떠나고 싶다"고 했다.

이 모든 걸 병 때문이니 어쩔 수 없다고 넘겨야 하는 걸까. 가족이라는 이유로 이렇게 고통을 받으며 살아야 하는 걸까. 삼촌은 지금까지 엄마에게 기댔지만 엄마는 어디에 기댈 수 있을까. 답 없는 질문만 계속 생겨났다.

TIP 5

가족이 기댈 곳은 어디인가

당사자에게 정서적인 지지가 필요하듯 가족도 기댈 곳이 필요하다.

손쉽게 알아볼 수 있는 건 온라인 모임이다. 조현병, 조울증, 정신장애, 정신질환 등의 키워드로 검색하면 몇 개의 온라인 카페와 단체카톡방(오픈채팅)이 나온다. 온라인 특성상 그때그때 필요한 정보를 얻는 데 유용하다. 오프라인 모임보다 다양한 연령대로 구성돼 있다는 것도 장점이다.

다음 선택지는 오프라인 가족 자조모임이다. 자조(自助)는 '자기 힘으로 자기를 돕는다'는 의미다. 전국적인 조직으로는 대한정신장애인가족협회(이하 협회)가 대표적이다. 협회는 전국에 15개의 지부와 253개의 가족회를 가지고 있다. 거주하는 지역의 지부에 직접 방문하거나 전화로 회원 등록을 할 수 있다.

서울을 중심으로 활동하는 대표적인 가족 모임에는 '심지회'가 있다. 심지회는 매달 셋째 주 토요일에 정기 모임을 연다. 정기 모임에는 누구나 참여할 수 있으며 참가비는 1만 원이다. 정기 모임에서는 조현병 당사자나 가족, 정신과 전문의, 사회복지사 등을 초대해 강의를 듣고 질의응답도 한다. 자세한 공지 사항은 다음(daum) 카페에서 확인할 수 있다.

부산에는 서구 아미정신건강센터, 해운대 송국클럽 하우스, 수영구 컴넷하우스, 사상구 소테리아하우스 등이 정신장애인을 위한 다양한 프로그램과 함께 가족 자조모임을 운영한다. 네 개 기관 모두 온라인에서 전화번호와 위치를 쉽게 확인할 수 있다.

이 외에도 각 지역의 정신건강복지센터, 정신의료기관, 사회종합복지관, 정신건강증진센터, 정신재활시설 등에서 자조모임을 지원하고 있으니 각 지역에 있는 시설에 문의해보자. 가령 서울 종로구에 거주한다면 종로구 정신건강복지센터에 연락하면 된다.

자조모임은 가족이 정서적·사회적 지지를 얻는 중요한 수단이 될 수 있다. 당사자 가족은 사회로부터 고립되어 있고 지지를 얻을 수 있는 경로가 제한적이기 때문이다.

'정신장애인 가족의 자조집단 참여경험 연구' 연구진은 같은 문제를 겪는 사람(가족)들이 함께 문제를 논의·해결하면서 회복의 주체로 거듭날 수 있다고 분석했다.[14]

해당 연구에 참여한 이들은 "지금은 내가 살아가면서 제일 편하고 좋은 자리가 이 자리에요", "처음에는 참여한 가족들의 얼굴이 전부 우거지상이었는데 점점 얼굴이 펴지는 것을 보게 되었어요", "내가 먼저 마음의 안정을 찾고 편해야 모든 상황이 좋아진다는 것을 알게 되었다는 사실이 가장 큰 변화죠"라고 말한다.

하지만 나의 경우 기존 자조모임이 잘 맞지는 않았다. 몇몇 자조모임에 참여해봤지만 겉도는 느낌이었다. 일단 참석자의 나이대가 나와 달랐다. 자조모임 구성원 대부분이 당사자의 부모 혹은 형제여서 50대에서 60대 참석자가 주를 이뤘다. 부모가 당사자를 돌보다가 부모가 사망하면 형제가 돌보는 식이었다.

조카가 자조모임에 오는 경우는 처음 봤다는 말도 여러 번 들었다. 부모, 형제, 조카 등 각자의 위치에서 겪는 어려움이 다르니 내가 겉도는 느낌을 받은 게 어쩌면 당연했다. 그래도 모임에 가지 않은 것보다는 훨씬 나았다. 다른 가족들과 연락처를 주고받은 것만으로도 든든했다.

잘 찾아보면 전문적으로 가족 상담을 지원하는 곳도 있다. 서울 마포구 마음건강센터가 대표적이다. 이곳은 정신장애인의 사회 복귀와 재활을 돕고 정신장애인과 가족들의 삶의 질을 향상시키기 위해 상담 지원을 한다고 소개하고 있다. 지원 대상은 마포구 거주자다. 정신장애인 가족이 겪는 특수한 상황이 있기에 이런 상담은 가족의 정신건강에 도움이 될 것으로 보인다. 문제는 이런 곳이 많지 않다는 점이다. 서울이나 수도권이 아닌 지역은 더 열악하다. 엄마가 거주하는 지역에서 이런 상담을 지원하는 곳은 찾지 못했다.°

정신장애인 가족 상담 지원이 불가능해 보이지는 않는다. 이미 각 지방자치단체와 종합사회복지관 등에서는 정신건강상담을 진행하고 있기 때문이다. 청소년, 부모, 치매 상담 전문가가 배치되어 있다. 조현병 유병률은 성별, 국가, 인종에 상관없이 전체 인구 대비 0.7~1퍼센트로 알려져 있다. 거칠게 계산하면 100명 중 1명이 당사자고 이들의 가족까지 계산하면 상당한 규모다. 나와 같은 친족까지 범위를 넓히면

° 이는 지역마다 다를 수 있다. 각 지역 정신건강복지센터와 종합사회복지관에 문의하면 된다.

규모는 더 커진다.

백종우 교수는 "가족 지원이 확대되기 위해서는 정신장애로 고통받는 사람들이 증언을 해야 한다"며 "치매를 예로 들면 10년 전만 해도 상상하지 못했던 방문요양서비스나 데이케어서비스가 일상이 됐다. 고통받는 사람들이 증언하자 제도가 생긴 것이다. 정신장애는 (편견 때문에) 치매보다는 느리겠지만 불가능한 일은 아니"라고 말했다.

돈은 숨기고 병은 소문내야 하니까

"돈은 숨기고 병은 소문내라"는 옛말이 있다. 병을 알려야 경험자들의 조언을 듣고 정보를 얻을 수 있어서다. 하지만 정신질환은 그러기가 쉽지 않은 병이다.

엄마는 지난 40년 동안 삼촌이 정신질환을 앓고 있다는 걸 직접 말한 적이 없다. 친구나 동료는 물론이고 친척, 남편, 자식에게도 숨겼다. 사람들이 동생을 '미친놈' 취급하게 둘 순 없었다. 지금이야 조울증, 조현병 등의 병명이 보편화됐지만 당시 정신장애인은 '미쳤다'는 말로 납작하게 표현됐다.

언젠가는 삼촌이 완치될 거라 믿었기에 굳이 알릴 필요가 없다고도 생각했다. 하지만 그 '언젠가'는 계속 미뤄졌고 엄마는 계속 거짓말을 할 수밖에 없었다. 첫 발병 때 일이다. 삼촌 친구가 엄마를 찾아왔다. 그는 엄마에게 삼촌과 연락이 닿지 않는다며 “아무개가 북한에 큰아버지가 있다는 이야기를 하던데 혹시 북한에 간 게 아니냐”고 물었다. 엄마는 잠시 망설이다가 “그런 모양”이라고 답했다. 그때 삼촌은 정신병원에 있었다.

믿을 수 없는 수준의 거짓말이었지만 당시에는 일본이나 중국을 통해서 비밀리에 북한을 방문하는 이들이 있었다고 한다. 삼촌은 일본에서 공부까지 했으니 친구는 그러려니 하고 넘어갔다. 엄마는 그 일이 너무 부끄러워 40년이 지난 지금도 그 친구를 보지 못하고 있다. 삼촌은 아직 그와 친하게 지낸다.

하늬 아빠도 결혼하고 나서 알았겠네? 뭐라고 안 해?

엄마 아무 말도 안 해. 모든 것을 이해하고 같이 아파하고 찾으러 다니고 그랬지. 아픈 걸 알고 나서도 네 아빠랑 삼촌이랑 서로 너무 친했어. 둘이 밤새도록 만화책 보고 그러더라고.

하늬 우리한테는 왜 이야기를 안 했어?

엄마 좋을 게 없으니까. 처음에는 걔를 위해서 그랬는데 나중에는 너희를 위해서 안 했어. 삼촌이 정신병 환자면

애들이 결혼이나 하겠나 싶어서 너희가 크면서는 더
쉬쉬했지.

정신장애인 '수난'의 역사를 기록한 책 《여기 우리가 있다》에 따르면 1970년대까지만 해도 정신장애인은 지역사회에 통합돼 살아갔다. 대가족 기반의 마을공동체가 있었기에 가능했다. 농사는 노동 특성상 시공간의 제약이 적어 정신장애인이 하기에 큰 어려움이 없는 일이었다.

1960~70년대 산업화·도시화가 빠르게 진행되면서 농경 기반의 공동체 사회는 해체됐고 정신장애인이 참여할 수 있는 생산 활동의 범위는 급격하게 줄었다. 정신장애인을 돌봐줄 가족·마을공동체도, 정신장애인 스스로 일할 수 있는 영역도 붕괴된 것이다. 정신장애인은 사회와 가족의 무거운 짐으로 여겨지기 시작했다.

급속한 도시화는 정신장애인을 향한 공포감을 키우는 원인으로 작동했다. 도시는 농촌에 비해 거주지 인구 밀도가 높지만 이웃과의 소통은 오히려 적다. 이런 상황에서 정신장애인의 존재와 그들의 기이해 보이는 행동은 그저 낯설고 무섭게 다가올 뿐이다. 이런 높은 긴장도는 정신장애인을 분리하고 격리 수용해야 한다는 분위기로 이어진다. 평생에 걸친 엄마의 거짓말은 이런 맥락에서 이해해야 한다.

게다가 엄마는 누구에게도 알리지 않았기에 어떤 도움도 못 받았다. 지금이야 지역마다 정신건강복지센터와 자조모임이라도 있지만 30~40년 전에는 아무 것도 없었다. 어디 좋은 병원이나 의사가 없을까, 지금 복용하는 약은 괜찮을까, 왜 이런 증상이 나타나는 걸까, 완치는 가능할까. 궁금해도 물어볼 데가 없었다. 답답하고 외로웠다.

그러나 엄마와 할머니가 삼촌의 병을 숨기려한 고생과 노력이 무색하게도 시간이 지나면서 주변에는 삼촌이 어딘가 이상하다는 걸 모르는 사람이 없게 됐다. 자신의 증조부 벼슬 임명장이 몇 십억 원의 가치가 있으며(최근에는 1천억 원으로 올랐다) 임명장을 팔아 의료법인을 세우겠다는 둥, 대학교를 세우겠다는 둥 엉뚱한 말을 하며 돈을 펑펑 쓰고 다니니 티가 날 수밖에 없었다. 다만 가족이 말을 하지 않으니 정확하게 무엇이 문제인지 모를 뿐이었다.

하늬 사람들이 삼촌에 대해서 뭐라고 안 해?

엄마 친척들이 애가 어디가 아프냐고 물어보곤 했어. 사람들한테 전화를 해서 이상한 말을 하니까. 그래도 나는 아프다는 말은 절대 안 하고 잠을 며칠 못 자서 그렇다 정도로만 답했지.

하늬 가까운 사람들에게 알렸으면 도움을 받을 수 있지 않았을까?

엄마 나는 인간을 신뢰하는 마음이 큰 사람이거든. 남의 말도 잘 믿고. 그런데 우리 가정환경이나 내 동생 얘기를 하면 사람들이 우리를 무시할 것 같아서 그런 티조차 내지 않았어.

하늬 내가 책 쓰면 사람들이 알게 될 텐데.

엄마 내 주변 사람들이 알게 되는 건 별 상관이 없어. 다만 내 딸을 어떻게 볼까 생각하면 너무 괴로워. 이 아이는 어쩌자고 자기 병을 떠벌리고 다니더니 삼촌 병까지 떠벌리려고 하나 그런 생각이 들지.

특정 대상에 대한 낙인과 혐오, 공포가 만연한 사회에서 이를 없애는 효과적인 방법 중 하나는 그 대상을

‘있는 그대로’ 보여주는 것이다. 공포는 알지 못하는 데서 온다. 숨는 것은 낙인과 혐오를 강화시킬 뿐이다. 낙인과 혐오가 심해지면 드러내는 일은 더 힘들어지고 고통은 가중된다. 엄마는 그 악순환에 빠졌던 것이다.

나 역시 오랫동안 거짓말을 해왔지만 더는 그러고 싶지 않다는 생각이 들었다. 누가 삼촌의 존재를 알아챌까 마음을 졸이는 상황이 피곤하고 싫다. 이제는 그 악순환을 끊고 싶다. 삼촌과 엄마의 이야기, 그리고 다른 당사자들의 이야기가 모이면 언젠가는 각종 정신질환을 앓는 이들이 낙인을 두려워하지 않고 자신의 이야기를 마음 놓고 할 수 있는 날이 오지 않을까. 돈은 숨기고 병은 소문내야 하니까.

선을 그어버린 아빠

엄마는 결혼하기 전에 아빠에게 삼촌이 아프다는 걸 말하지 않았다. 결혼하고 얼마 뒤, 삼촌이 재발했을 때가 되어서야 엄마는 동생이 정신병원에 입원한 적이 있다고 털어놨다. 사업이 잘 안 풀려서 스트레스를 크게 받고 있으며 심해지면 정신병적 증상이 나타날 수 있다고 했다. 아빠는 정신병적 증상이라는 게 무엇인지 몰랐다. 얼마 전까지 멀쩡하던 사람이 갑자기 어떻게 변한다는 거지 싶었다.

삼촌은 처음에는 현실에 안 맞는 이야기를 하는 정도였다. 그때까지는 '얘가 뜬구름 잡는 말을 하네' 하고 넘어갔다. 그러다 북한의 장군이 자신의 큰아버지라거나 다른 사람이 아빠로 변장한 것이라는 말을 하기 시작했다. 증조부 벼슬 임명장을 팔면 수십억 원을 벌 수 있다며 감정을 받으러 다녔다. 그 모습을 본 아빠는 '아, 이게 정신증 증상이구나' 실감했다.

하늬 처음 알았을 때 어땠어?

아빠 놀라긴 했지만 무시하거나 폄훼하는 마음은 안 들었어. 오히려 천재성이 있어서 정신병이 같이 왔나 했지. 너무 똑똑해서 미쳤다는 말도 있잖아. 이상도 그렇고 고흐도 그렇고. 네 삼촌이 머리가 좋거든. 안타깝더라고.

하늬 엄마가 미리 얘기해주지 않은 게 못마땅하지 않았어?

아빠 엄마가 말하지 못한 게 당연하다고 생각했어. 그때는 정신병이라고 하면 한센병이랑 같이 '천형(天刑)'이라고 했거든. 그 정도로 사회적 낙인이 심했어.

하늬 어떻게 그렇게 잘 받아들일 수 있었지?

아빠 내가 그때 운동권이었으니까 그런 걸 이해하고 받아들여야 한다고 생각했어. 아픈 게 자기 탓은 아니잖아.

나는 네 삼촌이 벌인 일 때문에 네 엄마랑 싸우는 상황에서도, 병을 언급하거나 미쳤다는 표현을 쓴 적이 한 번도 없어.

엄마는 아빠의 존재가 큰 힘이 됐다고 했다. 아빠는 엄마와 함께 행방불명이 된 삼촌을 찾으러 전국 곳곳을 헤맸다. 삼촌을 설득해 입원을 시키는 일도 엄마와 아빠의 몫이었다. 당시 아빠는 가족 구성원 중 삼촌을 물리적으로 제어할 수 있는 유일한 성인 남성이었다. 두 사람은 입원 이후에는 자주 면회를 가는 등 삼촌이 방치되어 있다는 느낌을 받지 않도록 애썼다.

그런 노력 덕분인지 몇 차례 입원 이후에도 아빠와 삼촌은 가까이 지냈다. 내가 초등학교 시절 우리 가족은 삼촌네 가족과 함께 여행을 다니곤 했다. 삼촌이 아빠 생일에 케이크 같은 걸 들고 온 기억도 있다. 두 살 차이에 가치관도 비슷했던 두 사람은 만나면 이런저런 이야기를 곧잘 나누었다.

하지만 십수 번의 재발 끝에 아빠는 삼촌과 선을 그어버렸다. 병 때문이라고 생각하며 이해하려 했지만 일상에서 계속 부딪히니 미움이 커져갔다. 삼촌은 평소에는 아빠를 잘 따르다가도 증상이 생기면 의심하고 폭언을 퍼부었다. 경제적인 문제를 반복적으로 일으켰고 회복 이후에도 자신이 벌인 문제를 해결하려는 노력을 보이지 않았다.

이제 아빠 눈에 삼촌은 천재성이 있어서 미친 사람이 아니라 병을 핑계 삼는 게으르고 한심한 인간일 뿐이었다. 아빠와 삼촌이 대화하는 걸 본 게 언제가 마지막이었는지 기억도 나지 않는다. 두 사람이 가끔 어쩔 수 없이 인사를 나눌 때조차 그렇게 어색할 수가 없다.

하늬 병 때문에 그런 거라는 생각은 안 해봤어?

아빠 그렇게 생각해도 미운 마음이 들어. 그리고 모든 걸 병 때문이라고 치부할 수는 없잖아. 가령 산소 벌초하는 거, 마음만 먹으면 할 수 있어. 네 삼촌은 그런 역할을 아예 안 하고 할 생각도 없어. 제 몫을 하려는 노력이 없어. (외갓집 산소 벌초는 다 아빠 몫이다.)

하늬 그러면 엄마가 가운데서 너무 힘들잖아.

아빠 그 부분은 네 엄마에게 미안해. 그럼에도 이게 한 번에 해결되는 상황이 아니고 돌아서면 문제가 생기고 또 돌아서면 문제가 생기니까 감당이 안 되더라고. 어쨌든 내 혈육은 아니니까 선을 그어버린 거지.

보건복지부와 가톨릭대학교가 함께 진행한 '지역사회 정신장애인 현황조사 및 지원체계 연구'에 따르면 당사자-가족 관계는 세월이 흐르면서 더 나빠지는 경향을 보인다. '가족과 관계는 어떻습니까?'° 라는 질문에 29세 이하에서는 매우 나쁘다는 응답이 1.9퍼센트에 불과했지만 60세 이상에서는 7.3퍼센트까지 올라간다. 나쁜 편이라는 응답 역시 5.6퍼센트에서 9.8퍼센트까지 오른다. 정확한 원인은 알 수 없지만 재발이 반복되면서 당사자-가족 관계도 이전 같지 않은 게 아닐까 짐작해본다.

지금 아빠는 삼촌 병원비를 함께 부담하고 우리가 삼촌 때문에 고민이 있을 때 상담을 해주는 역할을 하고 있다. 삼촌과 직접 접촉만 하지 않는다면 자신이 할 수 있는 일은 하겠다는 입장이다.

반면 삼촌은 지금도 아빠에게 애틋한 마음이 남아

° 설문조사는 정신장애인 당사자 1000명을 대상으로 진행됐고 해당 문항에는 803명이 답했다.

있는 듯하다. 아빠가 자신을 싫어한다는 것을 알아 평소에는 연락을 하지 않지만 증상이 나타나면 '형님'으로 시작하는 장문의 문자를 보낸다. 원망하는 내용은 없다. 최근에 보낸 문자에는 "저도 코로나에 감염돼 일주일을 고생했습니다. 너무 무섭습니다"라며 "건강하십시오. 제가 즐겨하는 시조를 한 수 보냅니다"라고 쓰여 있었다.

하늬 혹시 내가 우울증 걸렸을 때 외갓집 유전자 때문이라는 생각은 안 했어?

아빠 전혀 안 했어. 인과관계가 있는지 모르지만 그런 생각은 머리에 안 담으려고. 그런 식으로 따지면 모든 병이 다 그렇겠지. 그런 원망은 없어.

하늬 삼촌의 삶을 돌아봤을 때 어떤 생각이 들어?

아빠 안타깝지. 어릴 때부터 지금까지 가정사도 그렇고. 자기 건강을 잃고 또 본의든 아니든 주변에 경제적인 피해를 주고 가장 가까운 사람들을 감정적으로 힘들게 하니까. 자기 누나, 아들, 조카들까지 시간과 돈이 다 뺏기잖아.

하늬 내가 책 쓰는 건 어떻게 생각해?

아빠 필요하다고 생각해. 비록 우리 가족의 힘든 이야기지만 알려지면 사회적 인식이 재고되고 제도가 만들어지잖아. 그러면 결과적으로는 우리 가족, 나에게 도움이 돼.

어떻게 가족을 버릴 수 있느냐는 말

나는 우울증과 불안장애 진단을 받았다. 몇 년 뒤에는 경조증 증상이 나타나 조울증 진단도 받았다. 지금도 계속 병원을 다니고 있다.

내게 나타난 증상들은 어렴풋하게나마 삼촌을 이해하는 계기가 됐다. 약 기운 때문에 아무리 마음을 다잡아도 손 하나 까닥할 수 없었던 날, 늘 침대에서 일어나기 힘들어하는 삼촌이 떠올랐다. 경조증 증상이 나타나 사람들에게 아무 말이나 하고 다닐 때 삼촌이 생각났고 이명이 들리고 앞이 흐릿해질 때도 삼촌을 떠올렸다.

나는 그런 것도 모른 채 삼촌을 게으르고 무책임한 인간이라고만 생각했다. 리베카 울리스의 말처럼 "고통받는 사람의 실제 모습이 이해받지 못하고 왜곡되는 것은 슬프고, 화가 나는 일이다."[15] 이런 문장을 읽으면 삼촌에게 미안해진다.

그럼에도 삼촌과 지내는 것은 너무나 힘들다. 엄마에게 가족 모임을 한번 가보는 게 어떻겠느냐고 권한 적이 있다. 삼촌이 아니라 엄마를 위해서였다. 비슷한 처지의 사람들을 만나면 조금 마음이 나아지지 않을까. 엄마는 생각을 해보겠다고 했다. 며칠 뒤 답이 왔다.

"하늬야, 너무 부끄러운 말이지만 엄마가 도망갈 수 있으면 도망가고 싶다. 삼촌이 가련하고 그 애를 생각하면 마냥 가슴이 아프지만 이제는 그 애와 관계되는 그 어떤 것에도 엮이고 싶지 않고, 하물며 그 애도 만나고 싶지 않다."

엄마의 마음은 회복을 위한 노력조차 하지 못할 정도로 무너져 있었다. 운동을 하면 우울감이 나아진다는 걸 안다. 그러나 우울감이 심하면 그런 시도도 버겁게 느껴진다. 에너지가 고갈되어서다. 엄마는 삼촌 이름도 듣기 싫다고 했다. 삼촌과 관련된 좋은 소식은 거의 없으니 이름만 들어도 심장이 빠르게 뛰고 불안해져서다. 내가 엄마의 상태를 이해하게 되기까지는 그리 오랜 시간이 걸리지 않았다.

2년 전, 파킨슨병 증상이 나타나면서 삼촌은 요양병원과 정신병원에 각각 2~3개월씩 입원했다. 파킨슨병 증상이 나아지면 정신증 증상이 심해졌고, 정신증 증상이 나아지면 파킨슨병 증상이 심해졌다. 둘 모두 도파민과 관련된 약물을 복용하기 때문이다. 삼촌은 파킨슨병 증상이 시작된 첫 해의 절반가량을 병원에서 보내야 했다.

입원 이후 가족이 할 수 있는 일은 많지 않다. 그래서 병원에 있는 당사자를 염려하기보다는 가족도 휴식을 취하는 게 중요하다. 하지만 나는 삼촌을 걱정하느라 전전긍긍했다. 삼촌이 외로울까 봐 면회도 매주 갔다. 그러나 전문가들에 따르면 입원 초기 잦은 면회나 외출은 오히려 회복에 방해가 된다. 당사자가 치료에 집중할 수가 없어서다. 나는 쉬는 것도, 안 쉬는 것도 아닌 채로 그 시간을 보내버렸다.

내가 회복되지 않은 상태에서 삼촌이 퇴원하자 감당이 안 됐다. 삼촌은 내가 소리를 질러서 병이 재발했다고 원망했으며 나와 사촌 동생을 고소한다며 수차례 경찰서를 찾았다. 내가 자기 몰래 할머니 재산을 처분하기 위해 의도적으로 입원을 시켰다고 했고 심지어

내가 자기를 보면서 묘한 웃음을 지었다며 웃음의 의미가 뭐냐고 추궁했다. 하루는 내게 '너는 마음이 더럽다'는 문자를 보내왔다.

이런 말에 동요하지 않고 차분히 대화해야 한다는 걸 머리로는 알지만 억울해서 화부터 났다. 내가 그동안 애쓴 마음과 노력에 돌아오는 건 원망과 욕뿐이라니. 무슨 이런 배은망덕한 인간이 있나. 삼촌을 생각하면 화가 나 밥이 안 넘어갔다. 삼촌에 관한 글을 쓰려고 노트북 앞에 앉으면 눈물이 흘렀다. 이름을 듣는 것조차 싫다는 엄마 마음이 이해가 됐다.

그러면서도 혹시 무슨 사고가 나지는 않을까 조마조마했다. 삼촌이 미워 죽겠는데 통화를 하면서 밥은 먹었는지, 외래는 다녀왔는지 등을 챙겼고 경찰서에서 오는 연락도 받아야 했다. 미운 사람을 챙기는 게 이렇게 힘든 일인 줄 몰랐다. 삼촌과 통화를 하고 나면 온 몸에서 기운이 쪽 빠졌다.

화를 누르고 누르는 날이 이어졌다. 하루는 감정을 주체할 수 없어 부엌에 있는 칼로 팔을 그었다. 태어나서 처음으로 자해를 했다. 나는 그날 가족을 버리고 잠적하는 사람을 이해하게 됐다. 나도 그러고 싶었으니까.

나는 휴대전화 연락처에서 삼촌 번호를 차단했다. 이런 일을 겪는 사람이 나나 우리 가족만이 아닐 것이다. 38년간 돌본 중증장애인 딸을 살해한 A씨는 결심 공판 최후진술에서 "당시 제가 버틸 힘이 없었다"고 말했다고 한다. 이런 극단적인 사례가 반복되자 '간병살인'이라는 단어까지 등장했다. 사회현상이 된 것이다.

이 문제를 근본적으로 해결하기 위한 답은 정해져 있다. 당사자와 가족이 벼랑 끝으로 내몰리지 않기 위해서는 정부의 지원과 개입이 필요하다. A씨 재판부는 "장애인과 그 가족에 대한 국가의 지원 부족도 이번 사건 발생한 상당한 영향을 미친 것으로 보인다"며 "오로지 피고인 탓으로만 돌리기는 어렵다"° 고 짚었다.

조현병 당사자를 인터뷰한 기사를 읽다가 이런 문장을 저장해뒀다. "형제도, 부모도 그렇게 안 해주는데. 나는 남이 잘해주더라고요. 남이 그렇게 잘해줘. 너무

° 장애인에 대한 지원이 부족한 국가 시스템을 지적하는 것은, 지속적으로 벌어지는 가족에 의한 장애인 살인에 정당성을 부여한다는 비판이 있다. 영화감독 이길보라는 2023년 1월 25일자 〈한겨레〉 칼럼에서 "누군가를 살해할 권리가, 장애인을 평생 돌봐온 가족이라 해도, 과연 있는지 질문하게 된다"고 썼다.

고마워요."[16] 왜 이 문장을 저장해두었는지는 정확히 기억나지 않는다. 아마 당사자가 얼마나 소외·고립되어 있는지를 이야기해야 하는 대목에 참고하려고 했던 것 같다.

이제는 저 문장이 전과는 다르게 읽힌다. 저 사람의 형제, 부모는 어떤 사람일까. 그 가족에게는 무슨 일이 있었을까. 우리는 삼촌에게 어떤 가족일까.

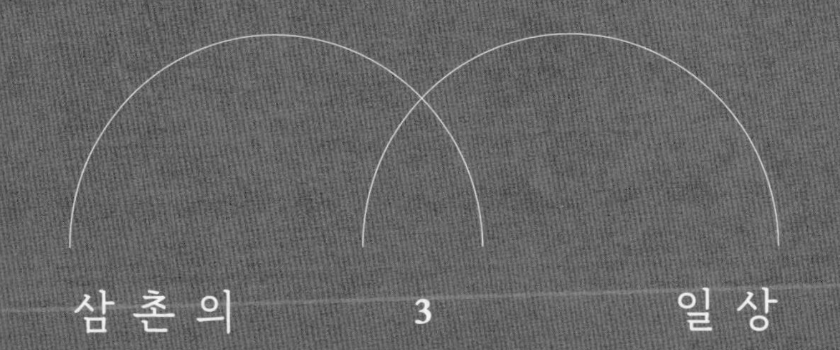

삼촌의 3 일상

병을 인정하는 일의 어려움

정신과 치료의 성패를 좌우하는 가장 중요한 요소 중 하나가 병식°이다. 병식이 없으면 약물 복용을 거부하고 병원에도 가지 않는다. 정신질환 온라인 커뮤니티에서는 어떻게 하면 병식이 없는 당사자에게 약을 먹일 수 있을지 고민하는 글을 쉽게 찾을 수 있다.

삼촌은 처음 폐쇄병동에 입원했을 때 자신이 아프다는 사실을 깨달았다고 했다. 증상이 가라앉고 생각해보니 북한 정치인이 자신의 큰아버지라는 게 말이 안 되는 소리였다. 남의 집에 찾아가고 남북의 땅을 다 사겠다고 한 것 등 자신이 한 말과 행동을 생각하니 부끄러웠다.

하지만 제대로 된 병식은 아니었다. 삼촌은 자신이

° 自覺, 자신이 병에 걸려 있다는 자각.

화병에 걸렸다고 생각했다. 의사가 그렇게 진단했다는 것이다. 삼촌은 의사가 분명히 그렇게 말했다고 했지만 왜곡된 기억일 가능성을 배제할 수 없다. 정신과에서는 화병을 질병으로 정의하지 않으며 삼촌의 증상도 화병과는 거리가 멀다.

하늬 의사가 정확히 뭐라고 했어?

삼촌 입원했을 때 나보다 조금 어린 의사가 있었어. 나한테 병을 설명하면서 "형님은 일종의 화병입니다"라고 그래. 그 말을 듣고 '아, 내가 스트레스가 쌓여서 병이 났구나' 싶었지.

하늬 그럼 화병으로 정신병원에 입원했다고 생각했어?

삼촌 그렇지. 나는 화병이니까 정신병원에 있지만 정신병자는 아니라고 생각했지. 어떤 교수가 쓴 글을 보니까 너무 스트레스를 받으면 환청이 들릴 수 있대.

삼촌은 화병이라고 믿으면서도 동시에 자신이 완치가 어려운 정신질환을 앓고 있을지 모른다는 불안감도 느꼈다고 털어놨다. 발병 초기 삼촌은 영화 〈벤허〉를 많이 봤다. 주인공 벤허가 어떤 어려운 상황에서도 자신의 존엄을 잃지 않고 살아남는 장면을 되새기기 위해서였다. 삼촌은 〈벤허〉를 “기적에 관한 영화”라며 자신도 그런 기적을 바랐다고 했다.

그러나 기적은 일어나지 않았다. 병은 꾸준히 재발했고 강제입원과 퇴원과 재활이 반복됐다. 삼촌은 질병을 받아들여야 했고 어쩌면 낫지 않을 수 있다는 것도 받아들여야 했다. 현실을 인정하는 건 기적을 바라는 일보다 힘들었다. 이는 삼촌이 바랐던 일상과 꿈꿨던 미래를 일부 포기한다는 의미였고 정신질환을 향한 비난과 낙인을 몸으로 겪어내야 한다는 뜻이었다.

화병이라고 생각했을 때까지만 해도 삼촌은 병을 극복했다는 수기 등을 찾아서 읽었다. 거기서 일말의 희망을 얻으려 한 것이다. 몇 번 재발한 이후 삼촌은 더 이상 관련 글을 찾아보지 않았다. 어쩌다 그런 내용이 눈에 띄어도 못 본 척했다. 그렇게 30년 이상을 보냈다.

하늬 왜 모른 척했어?

삼촌 내가 겪어보니까 정신병에 걸리면 아무것도 못

하더라고. 조금만 스트레스를 받아도 사람이 이상해져. 이건 천형이야. 극복할 수 없어. 아무것도 못 하고 극복도 안 되는데 알아봤자 뭐하겠어.

하늬 장애인 등록도 그래서 안 한 거야?

삼촌 예전에는 장애인 등록이 되는 줄 몰랐어. 나중에는 네가 말해줘서 알았지만 하고 싶지 않았어. 장애인이라는 게 또 하나의 꼬리표가 되니까.

지금이야 어떻게 질병과 함께 잘 살아갈지를 고민하는 이야기들이 활발하게 생산되고 있지만, 당시 삼촌은 그런 고민은커녕 자신의 질병을 이해하거나 설명조차 할 수 없었다. 삼촌이 자신의 질병에 관해 아는 거라곤 '정신분열', '미쳤다' 같은 단어뿐이었다. 스스로 자신의 존재를 비하하는 단어를 입 밖으로 꺼낼 수는 없었다.

사회학자 조한진희는 "통상 언어가 부족하면 타인과의 소통에서 오는 어려움을 떠올린다. 하지만 자신의 경험을 설명할 언어가 없을 때 인간은 자기 경험에서도 소외된다"[17]고 했는데 삼촌이 바로 그런 상황에 놓여 있었다.

그래서 나는 최근 삼촌에게 일어난 변화가 반갑다. 지난 2년간 삼촌은 정신장애인으로 등록했고 지역 정신건강복지센터에 처음으로 나갔다. 복용하는 약의 작용과 부작용을 궁금해했고 정확한 진단명을 알아야겠다며 서울 큰 병원에 진료를 잡아달라고 했다. 1년 전에는 원룸으로 독립을 했고 최근에는 기초생활수급을 신청했다.

하늬 이렇게 바뀐 계기가 있을까?

삼촌 내가 몸이 굳어서 못 움직인 적이 있잖아. 그때 정신병이든 아니든 상관없고 다른 것도 다 필요 없고, 그냥 어머니 모시고 평범하게만 살고 싶다는 생각을 간절하게 했어. 나는 재산도 없고 돈을 벌 능력도 없으니까 장애인 등록을 해서 기초생활수급비를 받으면 그렇게 살 수 있겠더라고.

하늬 이제는 장애인 등록이 꼬리표라고 생각 안 해?

삼촌 여전히 꼬리표지. 그런데 그다지 거슬리진 않아. (지갑에서 카드를 꺼내며) 장애인 복지카드도 가지고 다녀.

삼촌이 정확히 무슨 생각을 했기에 자신의 질병과 장애를 '거슬리지 않는' 정도로 받아들이게 됐는지는 잘 모른다. 다만 삼촌의 표정과 말투에서 부정과 회피의 시간이 끝나가고 있다는 느낌을 받았다. 여기까지 오는 데 40년이 걸렸다.

김원영 변호사는 《실격당한 자들을 위한 변론》에서 "장애라는 정체성이 어떤 산물이라기보다는 (…) '이야기' 그 자체라면, 우리가 정체성을 받아들이는 일은 하나의 국면이 아니라 긴 삶의 시간 동안 '써나가는' 일이 될 것"[18] 이라고 말했다. 삼촌은 비로소 자신의 이야기를 쓰기 시작했다.

커피와 담배와 미수잠

삼촌은 다른 사람과 같이 뭘 하는 걸 귀찮아한다. 삼촌이 유일하게 먼저 제안하는 것이 카페 가기다. 나는 인터뷰를 해주면 카페에 가겠다며 삼촌과 '거래'를 했다. 카페 덕에 이 책을 쓸 수 있었다고 해도 과언이 아니다. 삼촌은 지금 같은 카페 문화가 생기기 훨씬 전부터 매일 다방에서 커피를 마셨을 정도로 커피를 좋아한다.

커피와 더불어 중요한 것이 담배다. 삼촌은 적게는 하루 반 갑, 많게는 하루 한 갑 반 정도 담배를 피운다. 병원에 입원했을 때 삼촌의 '최애'는 담배를 잘 주는 사람이었다.

커피와 담배로 글을 시작한 이유는 삼촌뿐 아니라 상당수 조현병 당사자가 커피와 담배를 중요시한다는 걸 알게 되어서다. E. 풀러 토리는 《조현병의 모든 것》에서

"이 둘은 사회적 상호작용, 지출, 부채 누적, 호의를 주고받는 일에서 핵심을 차지"하며 "일부 조현병 환자는 담배와 커피를 확보하는 일에 너무 집착해 일상 활동이 그 일에 장악당한 것처럼 보일 정도"[19]라고 했다.

1983년 미국에서 출간된 책에 나오는 증상이 삼촌의 것과 비슷하다니 너무 신기했다. 실제로 삼촌은 1만 원이 있으면 커피와 담배를 사고 밥은 굶는다. 책에 인용된 연구에 의하면 조현병 당사자 중 "65~85퍼센트가 흡연자"다. "일반 인구 중 흡연자가 18퍼센트인 것과 대조적"이다.[20] 다만 당사자들이 왜 니코틴이나 카페인에 강하게 중독되는지는 아직 밝혀지지 않았다.

하늬 조현병 진단을 받은 사람들이 커피랑 담배를 좋아한다는 연구 결과가 있대.

삼촌 담배를 피우면 마음이 가라앉고 초조한 게 좀 없어져. 커피는 모르겠어. 그냥 맛이 좋으니까 마시는 거지 몸에는 안 좋아. 마시면 머리가 아플 때가 있어. 너도 커피 말고 차를 마시도록 해봐.

하늬 카페에 가면 뭐해?

삼촌 주로 혼자 가니까 신문 보고 책 읽어. 30분은 앉아 있어야 돈 값을 하지. 카페 주인이랑 이야기를 할 때도 있어.

삼촌의 하루는 보통 10시에서 12시 사이에 시작된다. 정기적으로 하는 일이 없으니 점심 직전에 일어나 밥을 먹고 다시 잔다. 삼촌은 이를 '미수(未收)잠'이라고 부른다. 아직 거두어들이지 않은 잠이라는 의미다. 약 기운 때문에 잠을 많이 자는 것 같아 복용량을 줄이자고 해도 삼촌은 과하다 싶을 정도로 자는 게 마음이 편하다고 했다. 삼촌은 불면을 매우 두려워한다.

미수잠까지 자고 일어나면 산책에 나선다. 목적지는 주로 도서관이다. 자판기 커피를 마시며 신문을 읽고 역사책이나 소설, 시집을 주로 뒤적인다. 최근에는 시에 빠져 있다. 내게는 이제니 시인의 시집을, 동생에게는 진은영 시인의 시집을 선물로 주었다. 시집 제일 앞 장에는 "참 아름다운 시집이다. 일독해라"라고 쓰여 있었다.

그리고 가끔 친구들을 만난다. 삼촌처럼 재발을 자주 한 경우 새로운 관계를 만드는 게 힘든 건 물론이고 기존 관계도 끊어지는 일이 다반사다. 재발과 입원으로 학업이나 직장 생활을 죽 이어가기 어려워서다. 단절이 반복되고 기간이 길어지면 현실감각이나 사회성이 떨어지게 된다. 삼촌은 사업을 했기에 퇴원 후 바로 사회로 복귀할 수 있었고 친구들과 교류도 이어갔다.

하지만 발병 후 새로 사귄 친구는 거의 없다. 대부분이 어린 시절을 함께 보낸 이들이다. 발병 전 모습을 알고 있기에 편견 없이 어울릴 수 있는 게 아닐까 싶다.

하늬 친구들은 삼촌 아픈 거 알아?

삼촌 예전에는 몰랐다가 지금은 다 알아. 문 치과(삼촌의 오랜 치과의사 친구)는 이전부터 알았어. 병원에 면회를 제일 많이 왔어. 간식비도 보내주고 치과 치료도 헐값에 해줘. 참 착해.

하늬 언제 적 친구들이야?

삼촌 중학교 친구들이 많아. ○ 목사는 친구는 아니지만 전화는 매일 하지. (○ 목사는 병원에서 만난 사람이다. 다른 지역에 살아서 만나지는 못하고 전화만 하는 사이다.)

이처럼 조현병 당사자라고 항상 특이한 하루를 보내는

건 아니다. 삼촌 내면에서는 복잡한 감정과 생각이 오간다 할지라도 증상이 심하지 않은 한 일상을 잠식하지는 않는다.

이는 삼촌의 기능이 나쁘지 않아 가능한 일이기도 하다. 전문가들은 늦게 발병할수록 그리고 발병 전 기능이 좋았던 사람일수록 발병 후 기능이 좋다고 말한다. 청소년기에 발병한 사람과 30대에 발병한 사람의 경험치가 다르기 때문에, 발병 후 기능도 다를 수밖에 없다는 것이다. 기능은 언어·감정 표현, 자기 관리, 관계 맺기 등 일상을 영위하는 데 전반적으로 필요한 것들을 의미한다. 병에 걸렸다고 해서 그 사람의 기능이 갑자기 사라지진 않는다.

다행히 삼촌은 우울감도 거의 없다. 조현병 당사자 중에는 병식이 생기면서 우울증에 걸리거나 약의 부작용으로 우울감을 느끼는 이들이 적지 않다. 조현병 당사자라는 낙인 역시 우울증의 원인으로 지목된다.

하늬 조현병 당사자 중에 우울증이 있는 사람도 많대.

삼촌 나는 괜찮아. 우울증은 네가 걸렸지. 내가 네 병 때문에 걱정이야.

하늬 삼촌은 우울할 때는 없어?

삼촌 너희가 결혼을 안 해서 걱정이 되고 우울해. 내가 네 혼처를 찾아보려고 얼마나 노력을 하는지 몰라.

하늬 그러면 보통은 행복하다고 보면 되려나?

삼촌 할머니 건강하시고 ○○이(사촌 동생)가 결혼을 했고. 조카들도 다 잘 됐으니까 안 행복할 이유가 없지. 시골에 집이나 한 채 지어서 할머니 모시고 살고 싶어.

일상을 잃어본 사람은 안다. 별 일 없이 반복되는 하루하루가 얼마나 귀한지. 삼촌은 병원에 입원할 때마다 그 평범한 일상을 잃어버리곤 했다. 이후 다시 일상을 만들어가는 것도 쉬운 일이 아니다. 누가 보기에는 아무것도 아닌 것 같은 삼촌의 하루를 길게 늘어놓은 이유다. 삼촌이 카페에 가고 담배를 피고 미수잠을 자는, 이 평범한 날들이 이어지길 바란다.

조현병 환자는 정말 위험할까

조현병이 공포의 대상이 된 결정적인 계기는 2016년 5월 강남역 살인사건이다. 서울 서초동 주점 화장실에서 20대 여성을 살해한 가해자는 여성들이 자신을 무시하고 괴롭힌다고 진술했다. 피해망상이다. 2019년에는 조현병을 앓던 안인득이 경남 진주에서 아파트에 불을 지르고 흉기를 휘둘러 5명이 숨진 사건이 발생했다. 안인득에게도 아파트 입주민들이 자신을 괴롭힌다는 망상이 있었다.

사건이 발생할 때마다 가해자의 병명이, 아니 병명'만' 부각됐다. 병명이 드러난 것만으로 사건의 원인이 밝혀진 것처럼 여겨졌다. 조현병 당사자는 대부분 위험하지 않으며 정신질환자의 범죄율은 일반인 범죄율에 비해 오히려 낮은데, 언론 보도에서 그런 맥락은 간단히

생략됐다. 조현병에 대한 공포와 혐오가 생기지 않는 게 이상할 정도였다.

조현병을 비롯한 정신장애인을 격리수용시설에 보내야 한다는 목소리가 여기저기서 나왔다. 관련 기사에는 “영원한 격리가 답이다”, “저런 사람들은 못 돌아다니게 해야 한다” 등의 댓글이 심심찮게 달렸고 어느 라디오 아침 뉴스 앵커는 “인권이 좀 침해되는 일이 있더라도 정부에서 정신장애인들을 강력하게 관리해야 하는 것 아닙니까”라는 엔딩멘트를 했다.[21]

한 집단을 잠재적 가해자로 취급하고 그들의 인권을 ‘좀’ 침해해도 된다는 말이 나오는 상황에서 당사자와 가족이 할 수 있는 일은 무엇일까. 더 꽁꽁 숨는 것 외에는 없다.

삼촌은 어릴 때부터 정이 많고 순했다고 한다. 누가 시키지도 않았는데 할머니가 힘들까 봐 집안일을 해두었고 수없이 싸우는 부모를 포기하지 않고 말리는 것도 삼촌이었다. 엄마는 “애가 너무 착하고 일을 잘하니까 사람들이 전부 개한테만 심부름을 시켰다”고 말했다.

삼촌은 지금도 정이 많고 순하다. 폐쇄병동에 있는 삼촌을 만나러 갔을 때 일이다. 삼촌은 외출 신청을 하고 나왔다. 우리는 분식집에서 라면과 김밥을 먹었다. 라면을 먹던 삼촌은 너무 맛있다며 퇴원하면 컵라면을 몇 개씩 들고 다닐 거라고 했다. 가난해서 밥을 못 먹는 사람에게 주겠다는 것이었다.

또 삼촌은 병원에 오래 입원한 사람들이 안타깝다며 정작 본인은 마시지도 않는 탄산음료를 꼭 사다달라고 했다. 병원에 오래 있으면 가슴이 답답하기 때문에 탄산음료라도 마셔야 한다는 논리였다. 우리는 면회 때마다 낑낑거리며 콜라를 이고 지고 갔다. 이런 번거로운 부탁을 들어줄 수밖에 없었던 이유는 그것이 선한 마음에서 비롯된 것임을 알아서다.

나는 삼촌이 범죄에 휘말린다면 가해자보다는 피해자 쪽일 거라고 예상한다. 단순히 삼촌이 순해서가 아니라 조현병 증상으로 인해 판단력이 흐릴 수 있고 20년 가까이 사회생활을 하지 않아 세상 물정을 잘 모르기 때문이다. 이런 사람이 범죄를 계획하기란 쉽지 않다. 그래서 여성 조현병 당사자에게는 항상 성폭력의 위험이 따라다닌다.

실제 덴마크 경찰청이 정신질환자를 대상으로 진행한 대규모 연구 결과에 따르면 정신질환자는 폭력 범죄의 가해자보다는 피해자가 될 확률이 높은 것으로 나타났다.

미국 노스캐롤라이나 대학교 에릭 엘보겐 교수 연구팀의 2009년 연구[22]는 개인의 폭력 행동을 예측할 수 있는 변수는 중증장애 여부가 아니라 약물 남용·아동 학대를 포함한 불우한 환경과 폭력에 의한 피해 등이라고 짚는다.

그렇다면 조현병 당사자 중 범죄를 저지르는 경우는 어떻게 설명해야 할까. 전문가들은 병명보다는 그 사람이 원래 가지고 있는 기질과 성향을 봐야한다고 조언한다. 비장애인 중에도 폭력을 행사하며 화를 분출하는 사람이 있듯 정신장애인 중에도 그런 성향의 사람이 있다는 것이다. 리베카 울리스는 "폭력을 저지를 가능성에 대한 가장 믿을 만한 지표는 과거 경력"이라며 "한 번도 폭력을 행사한 적이 없다면 앞으로도 그럴 가능성은 거의 없다"[23]고 말했다.

《조현병의 모든 것》에 따르면 1990년대 초에 조현병이 기본 성격을 바꾸는지 여부에 관한 연구가 진행됐다. 연구진은 둘 중 한 명만 조현병에 걸린 일란성쌍둥이 27쌍을 연구했다. 연구 결과는 이렇다. "조용하고 신실한 두 여성은 여전히 조용하고 신실했다. 말썽을 잘 부리고 위험한 행동을 감행하는 젊은이들은 여전히 말썽꾼에 위험한 행동을 좋아했다. 조현병에 걸린 사람도 핵심 성격은 최소한만 변한다."[24]

병의 증상으로 폭력성이 나타난다면 이는 치료로 해결해야 할 문제지, 조현병 당사자 전체를 혐오하고 격리하는 것으로는 해결되지 않는다. 국립법무병원°에서 근무한 차승민 정신과 전문의는 《나의 무섭고 애처로운 환자들》에서 "조현병 당사자는 대부분 위험하지 않지만 치료받지 않은 조현병은 위험할 수 있다"[25]고 지적한다.

책에 인용된 연구에 따르면 "조현병 환자의 살인 범죄는 약 600명당 한 명꼴로 발생하는데 대부분 발병 후 첫 치료를 받기 전에 일어난다"고 한다.[26] 강남역 살인사건과 고 임세원 교수 살인사건, 진주 안인득 사건 모두 치료를 중단한 이들이 저지른 범죄다. 삼촌 역시 증상이 나타날 때는 짜증과 화가 는다. 다른 사람이 자신을 괴롭히기 위해 특정 행동을 한다는 식의 망상이 들기 때문이다.

나아가 치료받지 않았거나 치료를 중단한 조현병 당사자가 저지른 범죄를 포함해도 조현병 당사자의

° 법무부 소속의 국립병원으로, 정신질환을 가진 사람이 범죄를 저질렀을 경우 교도소 대신에 이곳에 수용된다. 법원, 검찰, 경찰로부터 형사 피의자의 정신감정을 의뢰받아 수행하기도 한다.

범죄율은 일반인보다 낮다. 김민주 서울대학교 의과대학 교수가 2019년 발표한 연구[27]에 따르면 조현병 당사자의 범죄율은 일반인 대비 5분의 1수준이다. 다만 살인이나 방화 등의 중범죄 비율은 조현병 당사자가 일반인을 앞서는 것으로 나타났다. 그리고 그 대상은 무작위가 아니라 주로 가족이나 함께 사는 사람이다. 치료 방법을 두고 가족과 갈등이 깊어지기 때문이다.

물론 내가 가까이서 본 조현병 당사자가 삼촌뿐이기 때문에 읽는 사람 각자의 경험에 따라서 이 글이 치우쳐 있다고 느낄 수도 있을 것이다. 그럼에도 조현병 당사자 대부분이 위험하지 않다는 것은 장담할 수 있다.

TIP 6

심신미약에 관한 오해와 진실

형법 제10조 제1항은 “심신장애로 인해 사물을 변별할 능력이 없거나 의사를 결정할 능력이 없는 자의 행위는 벌하지 아니한다”고 정하고 있다. 이어 제10조 제2항은 “사물변별능력과 의사결정능력이 미약한 자의 행위는 형을 감경할 수 있다”고 정한다. 많은 사람이 범죄사건 피의자가 정신질환·장애를 가지고 있으면 자동으로 심신미약으로 인정받아 감경을 받는다고 생각하는 이유다.

하지만 정신질환·장애가 있다는 것이 곧 심신이 미약하다는 의미는 아니다. 심신미약은 범행 당시 피의자의 심리 상태에 대한 사법적 개념인 반면 정신질환은 피의자의 지속적인 인격에 속하는 의학적 개념이다.[28]

실제로 정신질환·장애가 있다 해도 심신미약으로 인정받기는 쉽지 않다. 서울 강서구 피시방 살인사건의 경우 재판부는 가해자가 성장 과정에서 겪은 가정폭력과 학교 폭력 등으로 인해 오랫동안 우울감과 불안 등에 시달려 왔고 이런 문제가 사건 범행에 일부 영향을 미친 것으로 봤다. 그러나 범행 당시 사물을 변별할 능력이나 의사를 결정할 능력이 미약한 상태였다고는 보지 않았다. 심신건재로 판단한 것이다.

형사정책연구원이 2018년 9월 발표한 자료에 따르면 2016년 1심 판결이 내려진 형사사건 피고인 총 26만 8510명 중 심신미약이 인정된 경우는 0.03퍼센트였다. 전체 형사사건 중 심신미약 판결 비율이 0.1퍼센트도 채 되지 않는 것이다.

거짓으로 심신미약을 주장하기는 더 어렵다. 심신미약으로 인정받기 위해서는 정신감정을 받아야 하는데 가짜는 대부분 여기에서 걸러진다. 헛것이 보이고 들리는 것처럼 연기하면 가능하지 않을까 생각할 수 있지만 정신감정은 한 달간 진행되며 그렇게 긴 시간 동안 의료진을 속이기란 거의 불가능하다.

형사정신감정을 수행하는 기관인 국립법무병원에서 근무한 차승민 전문의는 "환청이 들린다고 주장하는 사람들이 있는데 환청이 들릴 정도의 상태라면 뇌의 전반적인 기능이 떨어져 다른 증상 또한 같이 보일 확률이 높다. 그런 건 흉내 낼 수 있는 게 아니"라며 "진짜 환청이 들리는 사람은 오히려 숨기려고 하지 갑자기 환청이 들리는 것처럼 행동하지 않는다. 바로 티가 난다"고 말했다.

반대로 당사자는 심신미약을 주장하지 않았지만 재판부가 심신미약으로 인정하는 경우도 있다. 2016년 강남역 살인사건이 대표적이다. 재판부는 가해자가 자신의 범행을 감추거나 범행 도구인 식칼을 은닉하는 행위를 전혀 하지 않은 점, CCTV가 즐비한 강남대로에서 자신이 모습을 가리려는 어떠한 시도도 하지 않은 점, 범행 다음 날 옷에 묻은 피도 지우지 않은 채 식칼을 가지고 출근을 하였다는 점 등을 볼 때 심신미약 상태였다고 판단했다.

2019년 경남 진주에서 발생한 아파트 방화·흉기난동 살인 사건은 1심에서는 심신미약이 인정되지 않았지만 2심과 대법원에서는 심신미약으로 인정됐다. 1심 재판부는 가해자 안인득이 사건에 대해 반성하거나 후회하는 모습을 보이지 않는다는 점을 언급하며 사형을 선고했다. 하지만 2심과 대법원은 범행의 심각성을 제대로 인식하지도 못하고 자신의 억울함만을 호소하는 태도야말로 가해자의 정신세계가 비장애인과 다르다고 봤다.

두 사건의 경우 잔혹성 때문에 심신미약 자체를

없애야 한다는 주장이 나왔다. 하지만 전문가들 의견은 다르다. 자신이 저지른 일의 무게를 모르는 사람(불완전한 책임능력)과 그렇지 않은 사람의 형량이 달라야 한다는 것이다. 우리나라의 형사사법은 '책임능력이 있는 상태에서의 행위'만을 처벌하고 양형 역시 그 책임능력의 정도에 따르도록 하는 '책임주의'를 원칙으로 한다.

심신미약이라고 다 감경으로 이어지는 것도 아니다. 형법 제10조 제2항은 '감경할 수 있다'고 정하고 있지 감경해야 한다고 정하고 있지 않다. 감경 여부는 재판부 판단이다. 이어 제3항은 "'자의'로 심신장애를 야기한 자의 행위는 감경하지 않는다"고 못 박고 있다.

차승민 전문의는 "정신과적 증상으로 인한 범죄는 일반 교정 시설에 수감하는 것으로는 해결할 수 없다"며 "심신미약이 무조건 감형을 의미하는 것은 아니며 감형되지 않더라도 치료 기회는 주어야 하기 때문에 심신미약 판단이 필요하다"고 말했다. 실제 영국과 미국 등에서는 심신미약으로 인한 범죄의 경우, 감형해주되 장기간 치료를 명령한다.

삼촌의 취업 분투기

몇 년 전, 삼촌은 주차관리원으로 취업했다. 60세의 나이였다. 우리는 삼촌에게 열렬한 응원을 보냈다. 삼촌의 첫 취업이었기 때문이다.

삼촌은 돈을 벌어야겠다는 생각은 늘 했지만 취업할 생각은 없었다. 같이 일하는 사람들이 자신의 병을 알게 될까 봐 취업보다는 사업을 해야겠다고 생각했다. 그리고 사업으로 큰돈을 벌고 싶어 했다.

하지만 막상 취업해 일을 해보니 장점이 많았다. 규칙적으로 생활하게 됐고 오랫동안 끊지 못했던 술도 끊을 수 있었다. 늘 아들에게 무언가 해주고 싶은 마음이 있었는데 자신이 번 돈을 줄 수 있어 기뻤다. 삼촌은 이를 "사람이 반듯해지는 느낌"이라고 말했다.

많은 연구들은 '일'이 정신장애인의 증상을 개선하고

재발 및 입원 가능성을 낮춘다고 보고한다. 일은 대인 관계 회피나 감정 둔화 등의 음성 증상이 악화되는 것을 예방하고, 현실에 맞게 행동하게 함으로써 현실감각을 높이기 때문이다. 정신장애인 회복과 관련한 연구에서는 정신건강전문가의 62퍼센트가 '직장으로의 복귀'를 회복의 핵심 요소라고 응답했다.[29]

하늬 처음 해보는 일인데 힘들지 않았어?

삼촌 주차 자리 안내하고 주차장 물청소하는 거니까 일 자체는 어렵지 않아. 다만 아침에 일어나는 게 죽기보다 싫었어. 새벽 4시에 일어났거든. 오전 5시부터 오후 5시까지 일했어. 덕분에 술을 끊을 수 있었지. 술을 마시면 못 일어나니까. 퇴근하고 집에 갈 때는 너무 즐겁더라.

하늬 그렇게 일하고 얼마를 벌었어?

삼촌 하루에 12시간, 주5일 일하고 한 달 185만 원 받았어. (딱 최저임금 수준이다.)

하늬 월급으로 뭐했어?

삼촌 월세 35만 원 내고 남은 돈은 내가 이전에 쓴 카드

막고, ○○이(사촌 동생) 도와주고. 내가 아들 차 할부금을 내주고 싶었거든.

우리는 삼촌을 응원했지만 동시에 삼촌이 얼마 버티지 못할 거라 생각했다. 삼촌이 사업 외에 다른 일은 해본 경험이 없었기 때문이다. 게다가 당시 일터는 집에서 멀어 주차장 인근 모텔에서 월 35만 원을 내고 혼자 지내야 했다. 삼촌이 자기 자신을 챙기면서 일까지 할 수 있을까.

삼촌은 우리 예상보다 잘 해냈다. 새벽 출근길에 교통사고를 당해 어쩔 수 없이 일을 관둬야 했지만 8개월 동안 일터에서는 아무런 문제가 없었다. 일하기 싫다거나 관두고 싶다는 말도 하지 않았다. 하지만 최저임금을 받는 계약직 일자리는 사람이 다쳤다고 해서 기다려주지 않았다.

교통사고 치료(다행히 산업재해 처리가 되었다)가 끝나자 삼촌은 적극적으로 일자리를 알아보기 시작했다. 이력서를 한 움큼 출력해 주차 관리나 경비 업무 등의 일자리에 지원했다. 경력이 없다시피 한 60대를 원하는 곳은 잘 없었다. 시도 끝에 집 근처 빌딩 경비원 자리를 구했지만 회사는 코로나19로 인해 상황이 어려워질 것 같다며 고용한 지 27일 만에 삼촌을 해고했다.

솔직히 나는 삼촌이 그 즈음에서 포기할 줄 알았지만 삼촌의 구직 활동은 멈추지 않았다. 하루는 배에서 하는 일을 구했다며 짐을 싸서 '선장'네 집으로 갔다. 선장이 해산물 손질을 해주면 한 달에 200만 원을 주겠다고 했다는 것이다. 선장은 요양병원에서 만난 치매 환자였기에 우리는 "말도 안 되는 소리"라고 했지만 삼촌은 진지했다.

하늬 그때 그렇게 갔는데, 일주일도 안 돼서 돌아왔지?

삼촌 가서 보니까 안 되겠더라고. 제대로 몸도 못 움직이는 사람이랑 같이 일했다가 더 아프면 내 책임이 될 수도 있고. 내가 어리석었다 싶었어.

하늬 전에는 정말로 같이 일을 할 수 있다고 생각한 거야?

삼촌 그때는 내가 취업을 해야 한다는 급급함 때문에 치매 같은 게 눈에 안 보였어. 그 사람이 병원에서 나한테 담배를 잘 줬거든? 그러니까 그냥 다 좋아 보였어.

하늬 평생 취업은 생각도 안 하다가 갑자기 왜 그렇게 취업에 급급해졌어?

삼촌 내가 월급 받는 일을 처음 해봤잖아. 월급 들어오는 게 좋더라고. 고작 8개월이었지만 돈을 쓰다가 안 쓰니까 괴로워. 아들한테 돈을 못 주니까 슬프고.

자신의 몸에 맞는 수준에서 임금 노동을 하는 것은 누구에게나 중요하다. 아프거나 장애가 있는 사람일수록 더욱 그렇다. 장애인은 도무지 설 곳이 마땅치 않은 한국 사회에서, '일'이라는 접점이 있어야 사람들과 관계를 맺으며 지낼 수 있다. 게다가 아픈 몸은 의료비 등 돈이 더 든다.

그런데 삼촌과 같은 정신장애인에게 취업의 문턱은 너무 높다. 보건복지부 2017년 장애인 실태조사 보고서에 따르면 전체 인구 취업자 비율은 61.3퍼센트인데 반해 장애인 취업률은 36.9퍼센트로 나타났고 정신장애인 취업률은 15.7퍼센트로 장애 유형 중에서도 가장 낮았다. 정신장애인 10명 중 1.5명만 일하고 있는 것이다.

이는 정신장애인의 몸에 맞는 일이 많지 않은 현실과 정신장애인을 고용하지 않으려는 사회 분위기를 방증한다.

이에 관해 한 조현병 당사자는 언론 인터뷰에서 “우리가 무능하고 게으른 존재가 아니라 사회가 우리를 노동하게 하지 못하고 쓸모없는 존재로 만들었다고 생각해요”[30] 라고 말했다.

일을 못하니 가난해지고 이는 다시 정신장애에 영향을 줄 수 있다. 리단 작가는 《정신병의 나라에서 왔습니다》에서 “병이 불씨라고 하면 빈곤은 그 불씨를 부채로 지피는 것”[31]이라고 표현했다. 증상이 심해지면 취업은 더 힘들어지는 악순환이다. 고리를 끊을 수 있는 가장 건강한 방법은 당연하게도 ‘적절한 일자리’다.

삼촌은 지금도 일을 하고 싶다. 이유는 넘치도록 많다. 주변 사람들 보기에 부끄럽지 않고 스스로 당당해진다, 손자가 태어나면 자전거를 사주고 싶다, 더 늙기 전에 국내 여행을 해보고 싶다…… 소박하고 자연스러운 이유들이다. 삼촌뿐 아니라 모든 아픈 몸들이 이런 당연한 바람을 이룰 수 있어야 한다.

TIP
7

취업을 준비하는 당사자에게

1. 장애 등록을 하는 편이 불리할까, 유리할까

삼촌은 60대 중반에 정신장애인으로 등록했다. 장애인 등록을 하면 취업을 하기 어려울 거라 생각했다. 정신질환 온라인 카페에서도 비슷한 고민을 토로하는 글을 쉽게 찾아볼 수 있다.

그러나 연구들에 따르면 장애 등록을 하는 편이 오히려 취업에 유리하다. 정신장애 등록을 한 사람은 그렇지 않은 사람에 비해 취업을 할 확률이 64.2퍼센트 증가하는 것[32]으로 나타났고, 장애 등록을 하지 않은 이들은 한국장애인고용공단에서 제공하는 서비스를 이용하지 못해 취업에 더 큰 어려움을 겪는[33] 것으로 나타났다.

내가 만난 조현병 당사자들도 장애 등록을 한 이후에 '적합한' 일자리를 찾을 수 있었다고 말했다. A는 장애 등록을 하기 전 조현병을 숨기고 몇 차례 취업했지만 오래 근무하진 못했다. 비장애인에게 맞춰진 노동 강도와 일터 환경은 그에게 맞지 않았다. 그는 장애 등록을 한 이후 지방자치단체의 어느 장애인 일자리에서 일하고 있다.

장애인 일자리 대부분이 경증장애인에 초점이 맞춰져 있다는 점은 해결해야 할 과제다. 국가통계포털에 따르면 2013년부터 2021년까지 중증장애인 비경제활동인구 비율은 70~80퍼센트 사이를 오가고 있다. 이는 경증장애인(56.7퍼센트), 전체 국민(34.7퍼센트)에 비해 한참 높은 수준이다.[34] 이에 따라 장애계는 기존 장애인고용촉진법을 넘어 중증장애인고용법 제정을 노동부에 요구하고 있다.

2. 일을 구할 때 꼭 고려해야 할 것이 무엇일까

삼촌이 일을 시작했을 때 가족이 삼촌에게 가장 많이 했던 말이 "힘들면 바로 관두고 돌아오라"는 것이었다. 재발을 최소화하기 위해서는 스트레스 관리가 필수다. 일보다 중요한 건 안 아픈 것이다.

차승민 전문의는 "버거운 일도 스스로 해보겠다고 생각해 도전하는 건 격려할 만한 일이지만 무리해서는 안 된다"며 "무리하다보면 스트레스가 생길 수밖에 없고 스트레스가 쌓이면 증상 악화로 이어진다"고 말했다.

전문가들은 자신이 취약한 부분을 파악하고 그에 맞는 일자리를 찾아보기를 권한다. 협업에서 불편함을 느낀다거나 관계망상이 있다면 혼자 하는 일에 지원하는 게 좋다. B는 "동료가 내가 일하는 과정을 모두 지켜보고 판단하는 것만 같아서 업무에 집중이 안 된다"며 "일이 많더라도 혼자 하는 편이 마음이 편하다"고 말했다. 반면 C는 혼자 일을 하면 따돌림을 당하는 것 같은 기분이 들어 협업을 선호한다.

혼자만의 공간이 중요한 사람이라면 재택근무나 개인 공간이 제공되는 일자리가 적합하다. 증상이 자주 올라오는 사람에게는 잠시 쉴 수 있는 휴게실이 필수다.

자신의 질병·장애를 터놓고 말할 수 있는 곳인지도 중요하다. 당사자와 함께 일한 경험이 있는 송승연 부연구위원은 "당사자들이 이전 직장에서는 늘 가슴을 졸이고 눈치를 보면서 일했는데 이곳에서는 마음이 편하다는 이야기를 들었다"며 "당사자가 자신의 병을 오픈할 수 있고 그에 따른 어려움을 꺼낼 수 있는 환경이 일자리 선택에 있어서 중요한 요소라는 걸 알게 됐다"고 말했다.

3. 어디서 일을 구할 수 있을까

내 기준에서 채용 정보를 가장 직관적으로 찾아볼 수 있었던 곳은 장애인고용포털 '워크투게더'였다. 워크투게더는 한국장애인고용공단에서 운영하는 장애인 구인구직 플랫폼이다. 사람인이나 잡코리아 같은 사이트인데 장애인 일자리에 특화된 것이라고 생각하면 쉽다. 희망 직종, 근무 지역, 희망 임금, 근무 형태, 고용 형태 등을 선택해서 채용 공고를 검색할 수 있다.

'브이드림'은 재택근무에 초점이 맞춰진 장애인 구인구직 플랫폼이다. 출퇴근이 어려운 중증장애인을 대상으로 하며 장애 유형, 컴퓨터 사용 능력, 손발 사용 가능 여부, 포토샵 가능 여부 등을 확인한 뒤 맞는 직군과 직무를 배정한다. 재택근무인 만큼 SNS 마케팅, 챗봇 데이터 질문지 만들기, 웹 개발, 오타 검수 등의 업무가 많다. 이력서를 등록해두면 기업 매칭이 진행되며 보통 매칭까지 1~3개월 정도 소요된다.

장애인 취업과 관련된 정부 기관은 한국장애인개발원(개발원)과 한국장애인고용공단(고용공단)이 대표적이다. 개발원은 보건복지부 산하 기관이며 고용공단은 고용노동부 산하 기관이다. 개발원의 장애인 일자리 사업은 18세 이상 등록 장애인이면 누구나 참여가 가능하다. 각 지자체

사회복지과에 문의하면 된다.

혼자 힘으로는 취업이 어렵다면 고용공단의 장애인취업 성공패키지를 활용해볼 수 있다. 이 프로그램은 '상담 및 취업 계획 수립', '직업 능력 향상', '집중 취업 알선' 과정으로 진행되며 직업훈련 프로그램에 참여하면 수당을 받을 수 있다. 취업에 성공하면 최대 150만 원의 성공 수당도 준다.

그 밖에 각 지역의 장애인종합복지관 직업지원팀에서도 직업 상담, 직업 전 훈련, 취업 알선 등을 지원한다. 지자체에 따라 경비원이나 바리스타 교육을 진행하는 곳도 있으니 문의해보자.

조현병과 4 함께 살아가기

오래오래 건강하게

*

당사자 쉴라

조현병 당사자는 숨는다고만 생각했다. 삼촌은 40년째 병을 앓으면서도 내가 길에서 정신과, 환청 같은 단어를 언급하면 "쉬쉬" 하면서 손가락을 입에 갖다 댄다. 누가 들었을까 봐 주변을 살핀다.

그래서 나는 쉴라가 새로웠고 신기했다. 그는 "저는 일상을 전시하고 싶은 욕구가 있어요. 아니 인생을 전시하고 싶어요"라고 말했다. 그는 자신의 이야기를 그림으로 그리고 연극으로 표현한다. 이 작업들은 자신을 드러내고 싶어 하는 쉴라의 욕구를 충족시켜 준다. 재미있고 아름답다.

하늬 주로 어떤 그림을 그리나요.

쉴라 증상이 있을 때는 환청 경험을 그리기도 했는데 요즘은 증상이 별로 없어서 책을 소재로 한 연작 작업을 하고 있어요.

하늬 왜 책인가요.

쉴라 제가 도서관에서 사서 보조로 일하거든요. 장애인 복지 일자리예요. 인간 소외가 일어나는 현장이 아니라 의미를 많이 찾을 수 있는 일자리죠. 고등학교 때 도서관에 많이 갔는데 그때 생각도 나고요.

도서관이 그의 첫 일터는 아니다. 장애인 등록을 하기 전 그는 이따금 아르바이트를 했다. 하지만 유지하기가 힘들었다. 업종은 달랐지만 요구하는 건 비슷했다. 빨리빨리 해라. 쉴라는 그때 깨달았다고 했다. 나는 이들과 속도가 다르구나. 이후 그는 장애인 등록을 하고 기초생활수급도 신청했다.

증상이 나타난 건 대학교 4학년 때였다. 수업 시간에 교수님이 자신에게 특별한 메시지를 보내고 있다는 생각이 들었다. 당시 좋아하던 사람이 SNS에 올리는 글도 자기를 염두에 둔 것 같았다. 그가 올린 유기동물 입양 전후 사진을 보고 '내가 저 강아지처럼 치유받기를 바라는'

의미에서 올린 게시물이라고 생각하는 식이었다.

음식에는 철가루나 물감이 후드득하고 떨어졌다. 아빠는 '이것 보라고, 아니라고, 괜찮다'며 그의 앞에서 음식을 먹었다. 그래도 쉴라의 눈에는 오염된 음식만 보여서 아무것도 먹지 못했다. 엄마는 "그러다 굶어죽는다"며 딸 걱정에 잠을 이루지 못했다.

휴대전화에 폭탄이 설치돼 있다는 생각이 들어 경찰에 신고를 했고, 천장에서 염산이 떨어지는 걸 본 날에는 소방서에 전화를 걸었다. 신고가 반복되자 경찰은 그를 '허위상습신고자'라며 재판에 넘겼다. 혐의는 공무집행방해였다.

하늬 그렇게 재판에 간 거예요? 재판부에 뭐라고 했나요?

쉴라 다른 신고를 하려다가 말이 잘못 나왔다고 말했죠, 뭐. 그때는 병식이 없었거든요. 경찰은 제가 아픈 걸 알았을 텐데 재판에 넘긴 건 너무하다고 생각해요.

하늬 여러 증상이 한꺼번에 나타나서 일상생활이 어려웠을 것 같아요.

쉴라 네. 환청이 시키는 대로 길을 헤매기도 하고 밖에서 밤을 새운 적도 많아요. 환청이 집으로 들어가면 안 된다고 해서요. 대학원에 진학하려 했는데 책에 얼룩이나 잉크가 떨어지는 게 보여서 공부도 할 수가 없었어요.

쉴라의 전공은 불문학과 심리학이다. 심리학에서는 이상심리학, 임상심리학, 발달정신병리학 등을 배웠다. 우울증, 조울증, 조현병, 조현정동장애 등에 관해서도 알고 있었다. 하지만 자신에게 망상이나 환시, 환청 등의 증상이 나타났을 때 조현병이라고는 생각하지 못했다.

그의 공부가 부족해서 그런 게 아니다. 조현병 연구 분야의 세계적 전문가인 바버라 립스카는 뇌종양으로 인해 정신병적 증상을 겪지만 알아채지 못했다. 전날 먹은 피자가 플라스틱 덩어리라고 생각하며 누군가 자신을 독살하려 한다는 생각에 시달렸다. 그는 저서 《나는 정신병에 걸린 뇌과학자입니다》에 "정신이 그렇게 망가져가는 동안 나는 내가 정신질환에 빠져들고 있다는 사실을 전혀 알지 못했다"[35]고 썼다.

쉴라의 병을 알아챈 것도 가족이었다. 간호학을 전공한 동생이 실습을 다녀와서 말했다. "정신병원에

언니랑 비슷한 증상을 가지고 있는 사람들이 있어. 언니 조현병인 것 같아." 쉴라는 인정하지 않았다. 자신의 생각이 '망상'이라니 기분 나빴다. 증상은 점점 심해졌고 결국 폐쇄병동에 입원했다.

하늬 병에 관한 지식이 있었는데도 알아채지 못했네요.

쉴라 가족력이 없고 뇌가 물리적인 손상을 받은 것도 아니어서 정신증 증상이라고는 생각하지 못했어요. 돌이켜보면 당시 상황이 여러모로 스트레스이긴 했어요. 대학원 진학이 여의치 않았고 그렇다고 취업이 된 것도 아니었어요. 막막했죠. 저희 집이 소득 1분위거든요. 10구간 중에서 가장 가난한 구간.

하늬 병원에 가서는 조현병을 받아들였나요.

쉴라 (웃으면서) 아니요. 병원에서 조현병 약을 줘서 기분이 나빴어요. 아닌 거 같은데 왜 계속 조현병이라고 하지? 근데 조현병이라고 쓰여 있는 서류에 사인을 해야 병원비를 깎아준다기에 사인했어요. 막상 사인을 하고 나니 인정하게 되더라고요.

진단명을 인정하자 오히려 조금 더 빨리 병원에 가지 않은 것이 후회됐다고 했다. 대학에서 배운 것처럼 기능이 약해졌음을 느꼈기 때문이다. 특히 글을 읽고 쓰는 데 어려움을 느꼈다. 증상이 가라앉고 나서도 대학원 진학을 시도하지 못했던 이유다.

조현병이 많은 것을 바꾸어 놓았지만 쉴라는 불행하다고 생각하진 않는다. 자신의 속도에 맞는 일을 하고 있으며 방송통신대학에서 원하는 공부를 하고 있다. 가족과 사이도 나쁘지 않다. 특히 엄마의 지지와 애정이 쉴라에게는 큰 힘이 된다. 덕분에 5년이 지난 지금까지 한 번도 재발하지 않았다.

하늬 요즘 걱정하는 게 있다면 뭘까요.

쉴라 약 부작용으로 체중이 증가한 것 정도요. 이러다가 당뇨에 걸릴까 봐 걱정이죠. 그 외엔 괜찮아요. 저는 오래오래 건강하게 살고 싶거든요.

하늬 오래오래 건강하게 산다는 말 되게 오랜만에 들어봐요.

쉴라 정말이에요. 요즘이 인생에서 제일 여유로운 시기인 것 같아요. 경제적으로나 관계적으로나.

오전에는 일하고 오후에는 자조모임을 가거나 그림을 그려요. 가을에는 그림 단체 전시회도 준비하고 있어요. 장기적으로는 개인전도 하고 싶고요. 시간 되면 보러 오세요.

태웅이들과 싸우려면

*

당사자 재규어

재규어를 처음 본 것은 2019년 '매드프라이드(Mad Pride)' 에서다. 매드프라이드는 정신장애인이 주체가 되는 행사로 '미친 자존심', '미친 자부심' 정도로 번역할 수 있다. 행사의 하이라이트 '침대 밀기(bed push)'가 시작됐다. 재규어는 행진 한가운데서 환자복을 입고 병원 침대를 밀었다. 침대 밀기 퍼포먼스는 정신장애인이 시설과 병원을 나와 지역사회로 나아간다는 의미다.

재규어에게 인터뷰를 요청하기 전에 망설였다. 그는 조현병 당사자이면서 지적장애인이다. 너무 드문 경우가 아닐까. 하지만 지적장애인의 정신장애 유병률(조현병에 국한되진 않는다)은 그렇지 않은 사람에 비해 서너 배 높은 것으로 알려져 있다. 지적장애 정도가 중증일수록 시력 저하, 청력 저하, 간질, 뇌성마비 등 신경학적 장애를 동반하는 경우가 많다. 지난 2022년 가을, 재규어 집 근처 카페에서 그를 만났다.

하늬 매드프라이드에서 뵌 뒤 처음 다시 만나네요.

재규어 그날 사진 찍히고 텔레비전에도 나오고 재미있었어요. 이전에도 센터에서 하는 장애인 모임에 갔는데 신나더라고요.

하늬 오늘 인터뷰하기 전에는 뭐하셨나요?

재규어 건물 청소하고 왔어요. 엄마가 하는 일인데 제가 도와줘요. 오전 6시 반이면 나가서 2시간 반 동안 일하고 와요. 청소하고 집에 와서 약 먹고 한 시간 반 정도 푹 자요. 그러고 인터뷰하러 나왔어요.

하늬 청소 일은 얼마나 하신 거예요?

재규어 스물한 살 때부터 했으니까 30년 동안 했네요. 엄마랑 둘이서 계속 같이 했어요. 그랬는데 돈을 안 올려주는 거예요. 까먹었대나 뭐래나. 다른 사람은 50만 원 받는데 우리는 30만 원 받아요. 얼마 전에 엄마가 돈 올려달라고 얘기했어요.

조현병 증상이 나타난 건 20대 초반이다. 어느 날 남자 목소리가 들렸다. 말을 걸기에 재규어도 대답을 했다. 나중에 남자는 계속 따라다니며 욕을 했다. 듣고만 있을 수 없어서 소리를 질렀다. "이 새끼야. 하지 마!" 엄마가 오더니 왜 혼자 큰소리를 내느냐고 야단쳤다. 뭔가 이상하다고 느꼈다.

나중에는 사람의 모습도 보였다. 처음에는 까만 그림자로 시작됐다. 그림자는 재규어를 눌렀다. 몸을 움직일 수 없어서 "엄마한테 이른다"고 윽박질렀다. 그는 "모습은 남자인데 머리가 길고 좀 이상하게 생겼어요. 어떻게 표현해야 하나 이걸…… 그냥 얼굴이 못 생겼어요"라고 말했다.

그는 환청이나 환시라는 단어 대신 '혼'이라고 말한다. 목소리와 모습에 이름을 붙였다. 남자 목소리는 태웅이, 여자 목소리는 간호사다. 남자 혼은 1000개인데 이름은 모두 태웅이다. 1000명을 각각 외우려면 힘들 것 같아 태웅이로 통일했다. 태웅이는 재규어에게 담배를 피우라고 하고 카지노에 놀러가자고 한다. 그렇게 담배를 피우기 시작했다고 그는 말했다. 카지노에는 가지 않았다.

태웅이 목소리가 들리면 머리가 복잡해진다.

마음이 멍해지고 행동도 이상해진다. 재규어는 "그게 조현병"이라고 말했다. 마음이 멍해지고 행동이 이상해지고 머리가 복잡해지는 병.

하늬 태웅이들 목소리가 들리면 기분이 어때요?

재규어 기분이 안 좋죠. 태웅이들 알밤을 먹이고 싶고 혼을 좀 죽이고 싶어요. 없어졌으면 좋겠어.

하늬 쉽게 없어지지 않나 봐요.

재규어 걔네가 1000명인데 모두 리모컨을 하나씩 가지고 있거든요. 걔네가 리모컨으로 텔레비전을 틀면 내 몸이 이상해져요.

하늬 증상은 어떻게 관리하고 있나요?

재규어 이전 병원에서는 약이 잘 안 들었는데 지금은 잘 들어요. 약을 먹으면 태웅이 목소리가 사라지고 눈에 보이는 것도 없어져요. 다 도망가요.

그는 고등학교를 다니다가 중간에 관뒀다. 별 이유도 없이 선배들이 집합시켜서 때리는 게 견디기 힘들었다.

밤에 실습이 있는 날은 폭력이 더 심해졌다. 가슴을 치질 않나 엎드려뻗치게 한 다음 나무로 엉덩이를 때리지 않나. 엄마에게 다니기 싫다고 말한 다음 관뒀다. 후회나 미련은 없다.

그래서 학창시절 친구는 별로 없다. 유일한 학창시절 친구는 재규어의 장애를 이용하고는 잠적해버렸다. 재규어 명의로 휴대전화를 개통하고 요금을 납부하지 않은 것이다. 금액도 정확히 기억한다. 45만 5천 원. "엄마랑 빌딩 청소를 하고 받는 돈이 한 달에 30만 원인데, 걔도 그걸 아는데 좀 섭섭하더라고요. 이후에 그 휴대폰은 못 쓰게 막아놨어요."

정신장애 예술창작집단 '안티카'를 통해 만난 친구는 많다. 지역의 정신건강복지센터를 통해 안티카를 알게 됐고 연극에도 참여했다. 그는 연극을 하면 "마음이 시원해"진다고 했다. 대사 외우는 게 재미있고 사람들 앞에서도 떨리지 않았다. 엄마도 재규어의 연극을 보러 왔다. 재규어라는 별명도 안티카 활동을 하며 정했다.

하늬 왜 별명이 재규어에요?

재규어 '동물의 왕국'을 보다가 딱 꽂혔어요. 재규어는 영리해서 남의 것을 빼앗고 싸움도 잘해요. 전 싸움을 잘하고 싶어요. 그래야 내가 태웅이들을 다 이기니까. 태웅이들을 이기려면 비오는 날 싸워야 해요. 걔네는 비 맞으면 깩깩거리면서 죽거든요. 그런데 또 다시 살아나. 아휴 미치겠어.

하늬 태웅이들을 다 이기고 난 다음에는 뭘 하고 싶으세요?
재규어 청소밖에 없어요. (청소할) 건물이 하나 더 있었으면 좋겠어요. 동생이 회사에서 승진해서 엄마한테 돈을 주고 그러거든요? 나도 엄마한테 돈을 주고 싶죠. 근데 엄마는 나를 좋아해요.

하늬 일 외에 하고 싶은 건 없나요?
재규어 안티카 사람들이랑 한번은 한강을 갔는데 너무 좋더라고요. 그런데 코로나 때문에 3년 넘게 쉬었어요. 너무 심심해서 이거 언제 풀리나 하고 있어요. 친구들이랑 빨리 한강에 다시 가고 싶어요. 그거 말고는 별로 없어요. 다 괜찮아요.

“병을 숨길 마음이 없어요”

*

동료지원가 유영

유영은 정신장애인 동료지원가다. 사회적 협동조합 ‘우리다움’에서 절차보조인으로 일하고 있다. 절차보조사업은 정신질환자의 입원부터 퇴원 이후까지 지원하는 서비스로, 동료지원가는 병원에 있는 당사자와 소통하며 이들을 돕는다.

동료지원가라는 명칭에서 알 수 있듯 유영도 조현병 당사자다. 당사자에게 공통적으로 하는 질문이 있다. 진단을 받았을 때 기분이 어땠나요? 그는 빨대로 음료를 한번 쭉 빨아들이고 나서 답했다. “아무렇지 않았는데요. 타격감이 없었어요.” 그런 척이 아니라 정말 괜찮다는 표정이었다.

하늬 아무렇지 않았다는 인터뷰이는 처음이에요.

유영 우울증일 줄 알았는데 조현병이라고 하더라고요? 그런가보다 했어요. 엄마는 엄청 슬퍼했어요. 딸이 세상을 어떻게 살아갈지 걱정돼서 많이 울었대요.

하늬 조현병을 오픈하는 것도 꺼려지지 않았나요.

유영 엄마나 아빠는 어디 가서 말하지 말라고 해요. 창피한가 봐요. 그런데 저는 숨길 마음이 없어서 오픈도 두렵지 않았어요. 병을 숨기려는 노력보다는 치료에 집중하려고 해요.

하늬 긍정적인 성격인가 봐요.

유영 안 좋은 일들을 많이 겪어서 그렇지 타고나기는 긍정적으로 타고난 거 같아요.

발병은 스무 살 때지만 그는 그 전부터 발생한 크고 작은 일들이 쌓여 조현병 발병으로 이어졌다고 생각한다. 그는 어린 시절 성당과 학교에서 여러 차례 따돌림을 당했다. 따돌림이 힘들어 학교를 빠진 날도 있다. 부모에게 털어놓고 싶었지만 왜 학교에 가지 못했는지 말하기도 전에 매가 날아왔다. 집과 학교 어디에서도 마음 편히 있지 못했다.

대학에 가면 뭔가 달라질 것 같았다. 새로운 사람들과 다른 삶을 시작할 수 있을 테니까. 좋은 친구들이 생길지도 모른다고 생각했다. 하지만 습관처럼 굳어진 불안한 마음은 쉽게 가라앉지 않았고 이는 비합리적인 사고로 이어졌다. 이미 학내에 자신이 왕따였다는 소문이 다 퍼졌다는 확신이 들었다. 자신을 바라보는 사람들의 표정에서 알 수 있었다. 그는 새 학기가 시작되기도 전에 자퇴를 해버렸다.

이후에는 집 안에서만 지냈다. 남들은 보지 못하는 것이 보였고, 남들이 듣지 못하는 소리가 들렸다. 색색의 동그라미가 둥둥 떠다녔고 예수님 형상이 보였다. 목소리도 들렸다. 목소리는 어느 날엔 다정하게 기도문을 외워주다가 다른 날은 갑자기 욕설을 쏟아냈다. 그는 "환시는 괜찮았는데 환청이 힘들었다"고 말했다.

견딜 수가 없어 제 발로 정신과를 찾았다. 의사는 첫 진료에서 바로 입원을 권했다. 그렇게 유영은 조현병 진단을 받고 입원했다. 첫 입원은 일주일 만에 끝났지만 얼마 뒤 다시 증상이 나타나 한 달간 입원했다. 그리고 이후 한 차례 더, 세 달간 입원했다. 첫 입원은 자의입원이었고 나머지 두 번은 강제입원이었다.

하늬 병원 생활은 어땠나요?

유영 저는 병식이 있고 자의입원도 해본 케이스잖아요. 그래도 입원은 너무 힘들어요. 벌 받는 게 아니라 치료를 받으러 간 건데 아무런 자유가 없으니까 답답하죠.

하늬 자의입원과 강제입원에 차이가 있나요?

유영 강제입원을 했을 때는 고립감이 너무 컸어요. 한번은 병원에 도착하자마자 강박을 당했는데, 그 순간 가족이 저를 버렸다는 생각이 들더라고요. 그렇지 않고서야 병원에서 저를 이렇게 대할 리 없으니까요. 이후에 엄마 아빠가 면회를 자주 왔는데도 버림받은 기분은 사라지지 않았어요.

다시는 느끼고 싶지 않은 기분이지만 그 경험은 동료지원가 일을 하는 데 도움이 됐다. 유영은 당사자들에게 자신의 이야기를 공유하며 "저도 그 기분 알아요. 당신은 혼자가 아니에요"라고 말한다. 그는 그 한마디의 힘을 안다. 자신이 병원에 있을 때 듣고 싶은 말이었기 때문이다. 그러면 상대가 마음을 여는 게 느껴진다. 당사자들은 유영에게는 편하게 이야기를 털어놓는다.

정서적인 지지를 제공할 뿐 아니라 실제 보호자가 할 법한 일들도 한다. 당사자가 원하는 것을 병원에 요구하거나 퇴원 후 갈만 한 재활시설을 알아보고 연계하는 일 등이다. 코로나19 이전에는 정기적으로 병원을 찾아 당사자의 상태를 살폈고 대면 면회가 어렵게 된 이후에는 영상통화나 전화로 이를 대신한다.

그는 이 과정에서 상대뿐 아니라 자신도 치유되고 있음을 느낀다. 자신을 믿고 이야기를 나눠주고 의지하는 이들을 보면 스스로가 괜찮은 사람처럼 느껴진다. 자존감이 올라가고 더 단단한 사람이 되고 싶다. 유영은 이렇게 관계를 맺은 이들이 마치 가족 같다고 했다.

하늬 일이 본인과 잘 맞는 거 같아요?

유영 솔직히요? 안 맞는 거 같아요. 뿌듯할 때도 있는데 힘들 때도 많아요. 제가 담당하던 당사자가 돌아가셨다는 소식을 들었을 때는 마음이 무너지는 것 같았어요. 한 번 더 찾아가볼 걸, 조금만 더 일찍 전화할 걸 하는 생각에 힘들었죠. 사무실에서 그 소식을 들었는데 눈물이 막 나더라고요.

하늬 그럴 때는 어떻게 마음을 다잡나요?

유영 내가 무너지면 다른 당사자들에게 좋은 에너지를 줄 수 없으니까 여기서 무너지면 안 된다고 생각을 하죠. 긍정적인 성격이 이럴 때 도움이 되는 것 같아요.

하늬 앞으로 동료지원가로 계속 일할 계획인가요.

유영 지금은 몇몇 당사자들을 돕지만 장기적으로 시를 써서 많은 사람을 행복하게 해주고 싶어요. 원래는 60세에 유명한 시인이 되는 게 목표였는데 요즘은 빠르면 빠를수록 좋다고 하니까 얼른 시인이 되고 싶어요. 지금도 시는 꾸준히 쓰고 있어요.

그는 인터뷰에 자신이 쓴 시를 같이 실어줄 수 있냐고 물었다. 그는 주로 사람 이름이나 별명으로 시를 짓는다. 사람들이 각자의 이름으로 지어진 시를 보고 즐거워하는 모습을 보는 게 좋다. 유영의 블로그 이름은 '시와 함께해요'다. 아래 시에서 밤톨은 유영의 별명이다.

밤하늘이 반짝 빛나는 어느 날의 밤

톨게이트를 지나갈 때마다 가까워지는 너를 만나러 가는 길

그래도 형이니까

*

당사자 동생 희수

희수는 서울 소재 의과대학을 졸업했다. 의사 국가시험을 치렀지만 낙방했다. 사실 제대로 준비를 하지도 않았다. 응시조차 안 하면 부모님이 절망하실 것을 알았기에 준비하는 척만 했을 뿐이다. 다음 해도 마찬가지였다. 형과 함께 지내는 한 의사는커녕 직장을 다니는 생활 자체가 어렵겠다고 스스로 판단을 내린 터였다. 지금은 전업투자자로 일한다.

희수와 형은 두 살 차이다. 형은 고1 때 조현병이 발병했다. 1980년대 후반의 일이다. 부모님은 굿을 했고 그는 이해할 수 없는 행동을 하는 형과 자주 싸웠다. 형은 발병 6개월 만에 입원을 했다. 퇴원 후 자의로 약물 치료를 중단했고 증상에 압도된 상태에서 범죄를 저질렀다. 형은 2년 반 동안 복역했다.

타해로 인한 의료 행위는 국민건강보험이 적용되지 않는다. 가해자가 모두 부담해야 한다. 치료비와 손해배상금, 합의금 등을 물어주고 나니 그야말로 집이 거덜 났다. 당시 경제활동을 하는 사람은 아버지뿐이었다. 아버지는 건설 현장 일용직 노동자로 일했다.

이후 가족에게는 형을 '지키는' 게 일이 됐다. 혼자 뒀다가 무슨 일이 벌어질지 몰랐다. 형은 골목에서 노는 아이들이 자신을 흉본다고 생각해 뛰쳐나갔고, 지나가는 사람이 자신에게 욕을 한다며 주먹을 날리려 했다. 이런 상황에서 형을 제지하고 경찰이나 119등에 즉각 도움을 요청할 수 있는 사람은 그뿐이었다. 그는 지금도 형과 함께 지낸다.

하늬 그럼 평생 형이랑 같이 지낸 건가요.

희수 34년 동안 딱 두 번 떨어져 지냈어요. 형이 감옥에 갔을 때 2년 반, 그리고 제가 집에서 나와 2년 정도 따로 지낸 적이 있어요.

하늬 형 때문에 의사를 포기했다는 이야기를 듣고 놀랐습니다.

희수 공부를 할 수 없는 상황이었어요. 학교 다닐 때 밤늦게 집에 돌아오곤 했어요. 하루는 형이 제 발소리를 들었는지 현관문을 열자마자 발차기가 날아오더라고요. 무서우니까 늘 방문을 잠그고 잤어요.

하늬 다른 가족 구성원에게 맡길 수는 없었나요.

희수 부모님 한 분은 초졸, 다른 한 분은 초등학교 중퇴에요. 중증은 아니지만 두 분 모두 장애가 있어요. 어머니가 주로 형이랑 지냈는데 혹시나 어머니가 잘못될까 봐 늘 불안했어요. 제가 같이 생활하지 않을 수 없었죠.

조현병이 그 사람의 기본적인 성격 자체는 바꾸지 않는다고 알려져 있다. 희수도 이런 연구 결과를 알지만 형은 발병 전후가 많이 달랐다. 발병 전 형은 폭력적인 사람이 아니었다. 내향적인 희수와 달리 외향적인 형은 친구가 많았다. 그는 형이 노는 무리에 꼽사리로 껴서 놀곤 했다.

조현병 증상에 환청이나 망상 등의 정신증만 있는 게 아니다. 전두엽에서 충동이나 감정을 조절하고 억제하는 부분이 약해지기도 한다. 그는 형이 충동성과 관련한 증상의 정도가 심할 뿐이지 사람 자체가 악하지는 않다고 생각한다. 그런 면에서 치료를 잘 받으면 충분히 좋아질 수 있었다. 하지만 병식이 없던 형은 자꾸만 치료를 중단했다.

약을 안 먹으면 증상이 심해졌고 가족은 물리적·정서적 폭력에 노출됐다. 이대로는 살 수가 없다는 생각이 든 적도 있다. 하루는 엄마에게 조용히 말했다. 내가 형을 어떻게든 처리해볼 테니 가족은 편하게 지내라고. 그러자 엄마가 말했다. 그럴 수는 없다고. 차라리 내가 그 일을 하겠다고. 앞이 보이지 않던 날들이었다.

하늬 보호입원을 하고 잠시 떨어져 있는 것도 방법 아니었을까요?

희수 형이 초발한 80년대 후반은 전국민건강보험이 시행되던 때가 아니었어요. 기초생활수급자도 아니어서 병원비가 많이 들었죠. 유명한 3차 병원에 입원한 적이 있어요. 한 달 입원비가 지금 기준으로 환산하면 1천만 원가량 들었어요. 노가다 하는 집에서 그걸 감당할 수 있었겠어요? 돈 때문에 입원하지 못한 적도 여러 번이에요. ○

하늬 이런 극단적인 상황은 드라마에서나 볼 수 있는 줄 알았어요.

희수 모 커피 광고 카피로 비유하자면, 하늬씨 삼촌이 커피라면 저희 형은 '티오피'였어요. 가난했으니까 선택지가 적었고 가족이 감당해야 하는 물리적·정서적인 고통은 더 컸죠.

하늬 그래도 대부분의 조현병 환자는 위험하지 않잖아요.

희수 그렇다고 조현병이 마냥 위험하지 않다고 말할 수도 없어요. 조현병 환자의 범죄율은 일반인구 집단에 비해 4분의 1정도로 낮아요. 그런데 살인이나 방화 등 강력범죄율은 일반인구 집단보다 많이 높아요. 대부분이 치료를 받은 적 없거나 임의로 치료를 중단한 후 방치된 사례죠. 이런 사실이 제대로 알려져야 그에 맞는 정신건강 대책이 나올 수 있어요.

○ 조현병은 2005년부터 산정특례 적용을 받게 되었다. 덕분에 당사자는 전체 의료비의 10퍼센트만 부담하면 된다.

발병하고 10년, 형은 병식이 생겼다. 어떤 계기로 형에게 병식이 생겼는지는 모른다. 약물 복용을 거부하지 않는 것만으로도 고마웠다. 더 시간이 지나 형이 40대가 되자 양성 증상이 많이 완화됐다. 환청이 들리긴 하지만 이전처럼 심각하지 않고 폭력성도 줄었다. 실제 많은 연구가 40대 이후에는 증상이 완화된다고 보고하고 있다.

그제야 희수에게도 자기 시간이 생겼다. 하루 24시간 집에 붙어 있지 않아도 됐고 며칠 여행을 갈 수 있는 여유까지 생겼다. 이전만큼 크게 걱정하지 않아도 되니 정서적으로도 불안감을 덜 느낀다고 했다.

형은 한 달에 한 번 외래 진료를 갈 때를 빼고는 주로 집 안에서 지낸다. 이전에는 텔레비전을 봤는데 몇 년 전 스마트폰이 생긴 이후에는 유튜브를 보는 게 형의 일상이다. 작은 화면으로 영상을 보면 눈이 나빠질까 봐 얼마 전에는 태블릿을 하나 사서 건넸다. 누워서도 볼 수 있게 '짱짱한' 거치대도 침대에 설치했다.

하늬 요즘 형과 관련해 특히 신경 쓰는 건 뭔가요.

희수 신체 활동이 너무 적으니까 몸이 엄청 약해졌어요. 그 나이대 여성보다 힘이 약할 거예요. 무선 청소기

배터리를 끼고 빼는 것도 힘들어 할 정도니까요. 운동을 아무리 권해도 안 해요. 그런 노력이 병행되어야 회복이 될 텐데 걱정이죠.

희수는 인터뷰 내내 건조한 톤을 유지했다. 형이 범죄를 저지른 이야기, 의사를 포기한 이야기, 집에 장애인이 셋이라는 이야기, 누나가 암으로 일찍 사망한 이야기를 할 때도 덤덤했다. 4시간 가까이 인터뷰를 하면서 딱 한 번 그의 목소리가 흔들리고 눈시울이 붉어졌다. 형과 함께한 어린 시절을 말할 때였다. 가족이 힘든 게 이런 부분이다. 원망만 남은 줄 알았는데 사랑의 기억이 여전히 또렷하다는 걸 알게 될 때.

그의 카카오톡 프로필 이름은 '자유인'이다. 그는 "솔직히 말하면 형으로부터의 자유"라고 말했다. 혼자서 잘 먹고 잘 살고 싶다는 게 아니라 가족이 형에게 매달려 지내지 않아도 될 정도로 형이 회복되길 바란다. "발병 이전 수준으로는 돌아갈 수 없지만 회복의 가능성이 있다고 봐요. 노력해야죠. 그때 형도 저도 자유인으로 살아갈 수 있지 않을까요." 그때까지 희수는 형의 곁에 있을 것이다.

13년만의 다행

*

당사자 엄마 은영

은영의 아들은 양성 증상보다는 음성 증상이 심한 편이다. 밥을 안 먹고 잠을 안 자고 말수가 줄어든다. 그리고 모든 의욕이 사라진다. 주치의는 "치매 할아버지보다 의욕이 없다"고 말했다. 발병 초기에는 심한 우울감, 우울증 등으로 진단받기도 했다.

아들은 자신이 정신질환을 앓고 있다고 생각하지 않는다. 병식이 없으니 약도 안 먹는다. 나도 의문이 들었다. 덜 자고, 덜 먹고, 의욕 좀 없는 정도라면 약을 안 먹어도 되지 않을까. 약을 먹더라도 굳이 입원까지는 안 해도 되지 않을까. 은영과 남편도 이런 생각을 안 해본 게 아니다.

한번은 단약을 하고 6주까지 견뎌봤다. 아들의 식사량은 점점 줄어 나중에는 밥알 몇 개만 깨작거리고는 수저를 놓았다. 밥 먹을 때와 화장실 갈 때를 제외하곤 침대에 가만히 누워 시간을 보냈다. 자는 것도 아니었다. 은영이 불을 끄면 아들은 "엄마, 나 안 자"라고 조용히 말했다.

74킬로그램이었던 몸무게가 47킬로그램이 됐다. 움직이지 않아 몸에 있던 근육이 전부 빠졌고 누운 자세 그대로 몸이 굳어갔다. 아들은 결국 응급실로 후송됐다. 병원에서 나오는 에어컨 바람에 아들의 몸이 달달 떨렸다. 은영은 울면서 아들에게 말했다. "너 약 안 먹으면 이렇게 되는 거야. 제발 이제 약 잘 먹자." 아들은 고개를 끄덕였다. 그리고 2주 후 다시 약물을 거부했다.

하늬 병식이 생기는 게 정말 어렵나 봐요.

은영 죽기 직전까지 갔는데도 병식이 안 생기더라고요. 보통 누가 아프면 온 가족이 함께 치료에 전념하잖아요. 병식이 없으면 그게 안 돼요. 우리 애 입장에서 부모는 그냥 자기를 괴롭히는 사람들인 거예요.

하늬 이후에는 어떻게 하고 계세요?

은영 약을 안 먹으면 일주일 안에 입원을 시켜요. 안 먹고 안 자는데 사람이 어떻게 살아요? 사설 응급이송단을 불러서 입원을 하는데, 애가 겁이 많아서 그냥 조용히 따라가요. 그걸 보고 있으면 내 마음은 또 찢어지죠.

하늬 그럼 입원을 자주 하겠네요.

은영 1년 내내 집과 병원을 왔다 갔다 해요. 하루는 퇴원 당일에 약을 안 먹겠다고 해요. 어떻게 해? 다시 입원하는 수밖에요. 재발을 자주 하면 뇌가 퇴화한다고 해서 재발하기 전에 입원을 시키려고 하죠.

사람들은 은영에게 묻는다. 애는 잘 지내? 또 병원에 갔어? 왜 이렇게 오래 둬? 이제 집에 데려오지? 악의가 없는 걸 알지만 은영은 속이 타들어간다. 조현병 자녀를 둔 다른 부모가 그런 말을 할 때도 있다. "그 집 애는 약이라도 먹어주니까 집에 데리고 있을 수 있죠"라는 말이 나오는 걸 애써 삼킨다.

은영은 일주일에도 몇 번씩 아들이 입원해 있는 병원에 간다. 아들이 다른 사람과 빨래가 섞이는 걸 싫어해 빨래를 해 가져다주고 늦잠을 자 아침을 거른다기에 과일, 샐러드, 치즈 등을 배달한다. 입원이 잦아지자 아예 병원

옆으로 이사를 갔다.

그뿐 아니다. 병원에 있을 때는 일주일에 한 번, 퇴원했을 때는 일주일에 두세 번씩 '과외 선생님'° 을 고용해 아들과 시간을 보내게 한다. 주로 아들 나이 또래의 사회복지사 혹은 사회복지학과 학생이다. 음악, 미술, 운동을 배우거나 시내에 나가 같이 시간을 보내는 식이다.

하늬 그런 과외도 있군요.

은영 아이한테 병원과 집이 아닌 곳에서 보낸 좋은 기억을 만들어주고 싶어서요. 너무 아깝죠. 젊은 청춘이 병원에만 있으니까.

하늬 비용이 많이 들지 않나요?

은영 많이 들어요. 애한테 한 달에 200만 원 정도 드는 것 같아요. 우리는 애가 하나고 맞벌이니까 가능해요. 돈도 돈이지만 좋은 사람들과 인연의 끈을 안 놓으려고 계속 공을 들이죠.

° 사회적응훈련 복지사 혹은 사회이음을 위한 복지사가 적절한 명칭이지만 직관적인 이해를 돕기 위해 '과외'라고 표현했다.

하늬 관계에 공을 들인다고요? 왜요?

은영 내가 죽기 전에 이렇게 해놓고 가야 우리 아들이 어디라도 기댈 수 있지 않을까…… 그런 희망을 가지고 하는 거죠.

이 말을 하며 그는 울었다. 내가 미처 예상하지 못한 부분이었다. 그래서 자기는 아프지 않은데 무슨 장애인이냐며 질색할 것을 알면서도 아들에게 알리지 않고 장애인 등록도 했다. 부모가 세상을 등져도 장애인으로 등록되어 있으면 정부에서 한 번이라도 더 들여다보지 않을까 해서다.

아들은 공부를 잘 했고 공부 욕심도 많았다. 첫 증상도 공부와 관련된 피해망상이었다. 친구들이 내가 공부하는 걸 방해하려고 볼펜을 크게 똑딱거린다. 선생님이 일부러 내 눈만 피한다 등이었다. 이후 학교는 자퇴했지만 검정고시 성적이 잘 나오자 수능도 한번 봐줬으면 하는 마음이 슬그머니 올라오곤 했다. 아들의 실력이 아까웠다.

시간이 지나면서 그런 마음은 하나둘 자연스레 정리가 됐다. 지금 은영이 바라는 건 딱 하나 뿐이다. 병식이 생겨서 약을 잘 먹는 것, 아니 병식이 없어도 이유야 뭐가 됐든 약만 잘 먹어주면 좋겠다. 당사자 중에는 "의사가 불쌍해 약을 먹어준다" 같은 생각을 하는 이도 있다.

그래도 최근에는 희망을 본다. 집과 병원만 오가던 아들은 얼마 전부터 그룹홈에서 지내고 있다. 오래도록 알고 지낸 사회복지사와 병원에서 같이 지내던 형과 함께 생활한다. 집에서는 그렇게 안 먹던 약을 그룹홈에서는 잘 먹는단다. 밀키트를 사서 직접 요리를 하고, 감정 표현도 이전보다 풍부해졌다. 은영이 울다가 웃었다.

하늬 병식이 생긴 건가요.

은영 그건 아닌데 신기하게 거기서는 잘 먹어요. 사회복지사 선생님 말이 "집에서는 엄마가 받아준다는 걸 아니까 땡깡을 부리는 거"라고 해요. 그룹홈에서는 땡깡을 부릴 수 없으니까요. 타인과 같이 지내기 위해서는 자기도 어느 정도 맞춰야 한다는 걸 아는 거죠. 사회성이 많이 길러지지 않을까 생각하고 있어요.

하늬 다행이네요.

은영 우리 애가 발병한 지 13년이 됐거든요? 내가 13년 만에 처음으로 다행이라는 표현을 하게 되네요. 너무 감사한 날들이에요.

하늬 약 복용 외에 바라는 건 없으세요?

은영 글쎄요. 우리 아들이 알아서 약 먹는 날이 내 인생에서 가장 해피한 날이 될 거에요. 남북이 통일되는 날보다 더. 그리고 아들의 하루하루가 행복했으면 해요. 그거면 돼요.

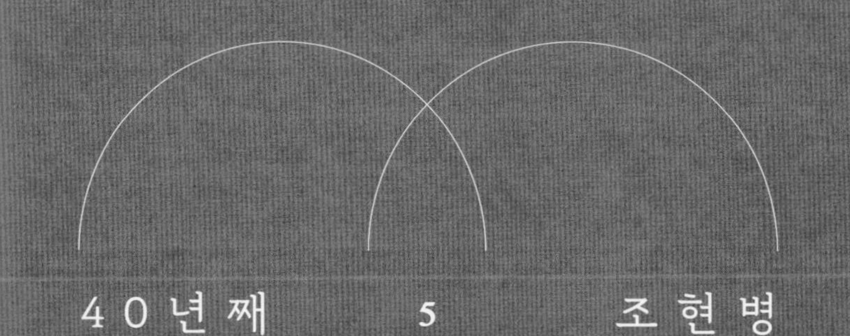

40년째 5 조현병

파킨슨병을 조심해야 하는 이유

내 기억 속 삼촌은 늘 깔끔한 모습이다. 재킷과 트렌치코트를 즐겨 입고 구두는 늘 '리갈'을 고집했다. 재킷에는 '파카' 만년필이 꽂혀 있었다. 삼촌은 우리가 대학에 입학했을 때도 만년필을 선물했다. 이런 차림으로 동네 도서관에서 시간을 보내는 삼촌은 실직한 회사원처럼 보였다. 매일 신문을 읽어서인지 정치, 사회, 경제 이슈를 꿰고 있었으며 언변도 좋았다.

언변과 관련된 에피소드가 하나 있다. 삼촌이 폐쇄병동에 입원했을 때 일이다. 삼촌은 자기가 아프기 때문에 입원해야 한다는 사실을 안다고 의사에게 말했다. 다만 벌여놓은 일이 있으니 그것만 처리하고 오겠다고 했다. 얼마나 말을 그럴싸하게 했는지 알 수는 없으나 의사는 가족에게 알리지도 않은 채 외박을 승인했다.

당연하게도 삼촌은 약속된 날짜에 병원에 돌아가지 않았고 연락도 없었다. 결국 경찰에 행방불명 신고를 해 삼촌을 찾았다.

그런데 최근 일이 년 사이, 삼촌의 이전 모습이 싹 사라져버렸다. 재킷과 트렌치코트를 고집하던 삼촌은 지난겨울 내내 집 안에서조차 패딩을 입고 있었다. 패딩에서는 오래도록 빨지 않은 옷에서 나는 쿰쿰한 냄새가 났다. 노숙인 옆을 지나갈 때 맡아본 냄새였다. 나는 삼촌에게 패딩을 좀 벗으라고 말한 다음, 옷을 잡아당겼다. 삼촌은 혼자서는 패딩을 벗지 못하는 것 같았다.

그러고 보니 삼촌의 움직임이 조금 이상했다. 걸을 때는 상체가 하체보다 앞으로 기울었고 발에 힘이 없는지 신발을 질질 끌면서 걸었다. 차에 타기 위해 몸을 굽히고 펴는 것조차 힘들어했다. 그래서인지 목과 허리는 굽고 배만 볼록한 몸으로 변해 있었다. 처음 보는 삼촌의 모습이 낯설었다.

달라진 건 겉모습만이 아니다. 복잡한 은행 업무도 잘만 처리했던 삼촌은 마트에서 장을 보는 것조차 힘들어했고 대화는 뚝뚝 끊어졌다. 매일 정치·사회 이슈에 관해 의견을 물어보던 사람이 이전과 달리 밥은 먹었는지, 회사는 갔는지 등의 아주 단순한 질문만 했고 내가 묻는 말에도 '응, 아니' 식의 단답만 했다.

처음에는 운동 부족이라고 생각했다. 많이 자니까 당연히 찌뿌둥하지. 몸이 굳지. 안 움직이니까 머리도 멍하지. 우리는 잔소리를 해댔다. '하루 1만 보 프로젝트'를 하기도 했다. 매일 1만 보를 걸으면 일주일에 2만 원을 주는 것이다. 삼촌은 운동량을 체크해주는 스마트 시계가 신기하다며 열심히 걸었다. 몇 개월이 지났고 삼촌은 아주 조금 나아지는 것 같았다.

그런데 어느 순간 상태가 걷잡을 수 없이 나빠졌다. 누운 자리에서 일어나기 힘들어했고 급기야 이불에 소변을 보는 일까지 벌어졌다. 운동 부족이 원인이 아니었던 것이다. 치매 진단을 받은 80대 할머니와 몸무게가 43킬로그램밖에 나가지 않는 60대 엄마. 두 사람이 어떻게든 삼촌을 자리에서 일으켜보려고 했지만 번번이 실패했다. 노인 세 사람이 얼마나 애를 썼을까.

운동이 아니라면 약물이 원인일 가능성이 있었다. 뒤늦게 대학병원을 찾았다. 삼촌의 걸음걸이와 떨리는 손을 본 신경과 의사는 파킨슨병이 의심된다고 말했다.

예상하지 못한 단어였다. 의사는 도파민 관련 약물을 오래 복용한 사람에게서 근육 경직이나 인지능력 저하가 나타나는 일은 '흔하다'고 했다.

도파민은 조현병과 관련된 호르몬 중 하나다. 조현병 증상 중 일부가 도파민이 과할 경우 나타난다고 알려져 있다. 삼촌이 복용하는 약의 일부는 도파민을 차단하는 방식으로 작용하는데 도파민 분비 조절에 문제가 생기면 파킨슨병이 발병할 수 있다는 것이다. 얼마 뒤 삼촌은 정식으로 파킨슨병 진단을 받았다.

찾아보니 파킨슨병 진단까지는 아니어도 조현병 당사자에게 근육 경직이나 인지능력 저하 등의 증상이 나타나는 게 흔한 일이긴 했다. 정신건강복지센터 가족 모임에 갔던 날, 어느 가족이 당사자에게 파킨슨병 증상이 나타났다고 말하자 비슷한 경험을 한 사람들이 말을 보탰다. 과장해서 표현하자면 다들 한 번씩 거쳐 가는 증상이었던 것이다.

조현병 약물을 줄이면서 동시에 파킨슨병 약물을 추가하기로 했다. 의사는 약물을 조절하면서 상태를 보자고 했다. 약물을 조절하는데도 차도가 없었다. 대소변 조절이 어려워 기저귀를 찼고 기억력에까지 문제가 생겼다. 삼촌은 기억이 통째로 날아간 듯 내게 학교는 다녀왔는지, 무슨 대학에 다니는지 물었다. 대학은 10년 전에 졸업하고 지금은 회사를 다닌다고 하니 삼촌은 깜짝 놀라며 무슨 일을 하느냐고 물었다. 대답을 하는데 목이 메고 눈물이 났다. 내가 알던 삼촌을 잃을까 봐 무서웠다.

다행히 입원 후 두 달 정도 지나자 삼촌의 상태는 나아졌다. 기억력이 돌아왔고 기저귀를 차지 않아도 됐다. 매일 계단을 오르내린다 했고 무거운 물건도 들 수 있게 됐다. 하지만 그것도 잠시였다. 파킨슨병 증상에 초점을 맞추다 보니 조현병 증상이 나타난 것이다. 삼촌은 망상에 빠져 지냈고 쉽게 짜증을 내는 등 감정을 잘 조절하지 못했다. 환장할 노릇이었다. 몸을 움직일 수 있게 돼 다행인데 그 몸으로 돌아다니며 무슨 일을 벌일지 모르니.

이런 상황은 현재 진행형이다. 삼촌은 2년 가까이 약물을 조절하고 있으며 파킨슨병 증상이 심할 때는 재활 위주의 요양병원에, 조현병 증상이 더 두드러질 때는 정신과 폐쇄병동에 입원한다. 당사자와 가족 모두에게 물리적·경제적·심리적으로 고단한 일이다.

전문가들에 따르면 대체적으로 조현병 증세는 나이가 들수록 덜하다고 한다. 다만 원인은 아직 알려지지 않았고 예외도 있다. 삼촌의 생애주기를 보면 확실히 20~30대 보다는 40~50대에 증세가 덜했다. 약물 부작용에 대해 미리 알았다면 삼촌이 좀 더 안정적인 60대를 보내고 있었을 텐데 싶은 아쉬움이 크다.

이 글을 읽는 당사자나 가족이 있다면 반드시 주치의에게 약물의 단기·장기 부작용에 관해서 물어보길 권한다. 약간의 정보만으로도 최악의 상황은 피할 수 있다.

TIP 8

약물의 작용과 부작용

조현병 치료에는 항정신병약물을 사용한다. 항정신병약물은 개발 시기 및 작용 기전에 따라 1세대, 2세대 약물로 나뉜다. 도파민에 잘 작용하는 1세대 약물은 양성 증상을 완화시키는 데 주효했지만 음성 증상 치료 효과는 미미했다. 2세대 약물은 세로토닌 수용체에 강력하게 결합해 음성 증상 치료에도 효과가 있다.°

항정신병약물의 효과는 크게 세 가지로 볼 수 있다. 첫째, 초조함이나 불안 등을 감소시킨다. 둘째, 환각이나 망상 등 양성 증상을 완화한다. 셋째, 자기 관리 능력 저하나 의욕 부족

° 도파민과 세로토닌은 모두 신경전달물질이다. 인간의 뇌에는 수많은 신경세포와 신경전달물질이 있다. 신경세포는 서로 정보를 교환하고 통합하는데 A 신경세포에서 B 신경세포로 신호를 이어주는 것이 신경전달물질이다.

등 음성 증상을 완화한다. 그 외에도 필요에 따라 수면유도제, 항우울제, 변비약 등이 처방된다.

같은 조현병이라 해도 사람마다 증상이 다양하고 정도도 다르기 때문에 자신에게 맞는 약을 복용하는 게 매우 중요하다. 전문가들은 약을 적절하게 쓰지 않으면 실제 증상이 아닌, 부작용 때문에 증상이 나타나고 있는 것처럼 보일 수 있다고 지적한다. 차승민 전문의는 "약에 따라 나타나는 미묘한 차이를 추적 관찰하면서 밸런스가 맞아떨어지는 순간을 찾아야 한다"고 말했다.

비슷한 효능의 약을 중복으로 대량 처방받는 것도 좋지 않다. 약물이 늘어나면 부작용을 방지하는 약도 늘어나기 때문에 나중에 부작용이 나타났을 때 어떤 약 때문인지 알기 어렵다. 전문가들은 급성기 때는 대량으로 처방하더라도 증상이 좋아지면 약을 줄여나가라고 조언한다.

항정신병약물의 주요 부작용에는 체중 증가, 추체외로 증후군(extrapyramidal syndrome, EPS), 지연성이상운동증(tardive dyskinesia) 등이 있다.

체중 증가는 가장 흔하게 나타나는 부작용이다. 체중 증가 부작용이 있는 항정신병약물을 만든 제약회사가 다이어트 프로그램을 개발해서 내놨을 정도다. 체중 증가가 위험한 이유는 살이 찌면서 합병증을 유발할 수 있기 때문이다. 체중 증가는 약물 치료 초기에 많이 나타나기 때문에 그 시기에 식이와 운동에 신경을 쓰는 게 부작용을 줄이는 데 도움이 된다.

추체외로증후군은 다양한 운동장애를 통칭하는 단어로 경직, 떨림, 느린 움직임, 급격한 근육경직 등이 여기 속한다. 역시 흔하게 볼 수 있다. 가만히 앉아 있지 못하는 좌불안석증과 파킨슨병도 추체외로증후군에 포함된다.

지연성이상운동증은 항정신병약물을 장기 복용했을 때 나타날 수 있는 부작용이다. 자신의 의지와 무관하게 뭔가를 씹는 것처럼 입을 오물거리거나 입술을 핥는 것, 손을 심하게 떠는 것, 팔다리 혹은 전신을 갑자기 움찔하는 동작 등이 해당된다. 권준수 교수는 “이런 증상이 나타나면 약물을 바꾸는 걸 권한다”며 “최근에 나온 약물들은 이런 부작용이 조금 덜하다”고 말했다.

그 밖에 일상에서 몽롱한 기분이 계속되거나 집중이 어려운 것, 말투가 어눌해지는 것, 입이 마른 것 등도 부작용이다. 삼촌도 입 마름 때문에 물을 많이 마신다. 우리는 그게 부작용인 줄도 몰랐는데 물을 마시는 정도가 심할 경우 전해질 불균형으로 생명을 잃을 수도 있는 무서운 부작용이었다. 이런 경우 물 대신 차나 음료를 마시는 게 도움이 된다.

부작용은 당사자가 직장 생활이나 학업을 유지하기 어렵게 한다. 그래서 최근에는 약물 복용을 최소화하는 추세로 가고 있다. 송승연 부연구위원은 "증상을 뇌의 손상이라고 표현한다면 뇌의 손상을 막기 위해서 약물을 먹는 것인데 그 약물로 인해 다른 손상을 야기할 수 있다"며 "핀란드 오픈다이얼로그°[36]나 당사자 연구에서는 약물을 최소로 복용하는 것을 지향한다"고 말했다.

약물은 증상을 완화시킨다는 점에서 긍정적이다. 하지만 약물 치료의 목표는 증상을 줄이고 재발을 예방하는 것 정도다. 약물이 당사자를 발병 이전의 모습으로 돌려놓진 않는다. 약물이 모든 것을 해결해주진 않는다는 사실을 알게 되면 조금 막막할 수 있지만, 이는 다른 질병의 경우도 마찬가지다. 가령 당뇨병 약은 약을 복용할 때에 한해서 혈당을 조절해줄 뿐이지 당뇨 자체를 없애주진 않는다. 약을 복용한다고 상태가 유지된다는 보장도 없다. 식단과 운동으로

° Open Dialoque는 말 그대로 '열린 대화'라는 의미로, 정신장애인 자기결정권에 대한 대안적 프로그램이다.

꾸준히 관리해야 한다.

권준수 교수는 "약물만으로는 한계가 있고 재활과 교육, 상담 등으로 최상의 조합을 찾으려는 노력을 계속 해야 한다"고 말했다. 연구들에 따르면 "항정신병약만 복용해도 재발률은 30퍼센트대로 떨어"지고 "약을 복용하면서 상담치료를 하면 재발률을 약 20퍼센트 수준으로 낮출 수 있다. 약을 복용하면서 사회적 재활프로그램에 참여한다면 재발률은 약 10퍼센트 선까지 떨어져 최선의 효과를 얻는다"고 한다.[37]

얼마나 더 시급해야 입원할 수 있을까

파킨슨병 증상이 심해졌을 때 삼촌은 자의입원을 결심했다. 약물을 조절해야 하는데 집보다는 병원에서 약물을 조절하는 편이 낫겠다고 판단한 것이다. 입원을 하면 자신의 상태를 즉각적으로 의료진에게 알릴 수 있고 그에 맞는 처방이 가능하다.

그렇게 입원을 싫어하던 사람이 자의입원을 결심하다니, 삼촌이 상황을 얼마나 심각하게 받아들이고 있는지 짐작할 수 있었다. 나는 기꺼이 삼촌의 보호자를 자처했다. 우리는 한 번 입원한 적이 있는 정신병원을 함께 찾았다. 삼촌은 당장 오늘 입원하기로 한 사람처럼 짐까지 싸왔다. 가방에는 속옷과 세면도구, 로션, 읽을 책 등이 들어 있었다. 면도와 이발까지 마친 상태였다.

"기분이 어때?"

"좋아."

"입원하는데 어째서 기분이 좋아?"

"지금은 강제로 입원하는 게 아니고 내가 낫기 위해 스스로 하는 입원이니까."

진료 시간, 삼촌이 재킷 안주머니에서 종이를 꺼냈다. 종이에는 파킨슨병과 조현병 증상이 나열돼 있었다. 삼촌 나름대로 알찬 진료를 위한 준비를 해온 것이다.

- 대소변 조절을 잘 못한다.
- 병력이 40년이라서 환청이 참 고통이다.
- 환청이 시키는 대로 하면 병원에 가야 한다는 것을 안다.
- 양반 다리를 하면 다리가 저린다.
- 하루에 20리를 걷는데 몸에 힘이 많이 좋아졌다.

의사는 삼촌에게 걸어보라고 했다. 삼촌은 신발을 질질 끌면서 걸었다. 그 외에도 악력, 기억력 등을 간단하게 확인했다. 삼촌은 페트병 뚜껑도 열기 힘들어 했다.
의사는 상황이 안 좋은 것은 알겠지만 입원은 어렵다고 했다. 입원할 정도로 시급해 보이지 않는다는 게 이유였다. 자의입원을 해보지 않았던 우리는 입원이 되지 않는다는 말에 놀랐다. 강제입원이 어렵지 자의입원은 그나마 쉬울 줄 알았는데 당황스러웠다.

낫기 위해 입원을 하고 싶다던 삼촌은 시무룩한 표정으로 짐 가방을 주섬주섬 챙겨 들었다. 구부정한 자세로 엉거주춤 걸어가던 삼촌의 뒷모습이 지금도 또렷하게 떠오른다.

입원이 어렵기는 다른 병원도 마찬가지였다. 전국에 몇 개 없는 국립정신병원은 코로나19 병원으로 지정돼 병상이 없다고 했다. 시립정신병원이나 괜찮아 보이는 사립정신병원도 병상이 부족해 자의입원보다는 강제입원을 우선으로 받는다고 했다. 응급입원만 가능하다는 곳도 있었다. 응급입원은 경찰에 의한 강제입원이다.

입원이 어렵다는 답을 반복적으로 듣자 화가 났다. 40년째 약을 먹고 있지만 여전히 환청과 망상으로 힘들어하고 파킨슨병까지 발병해 혼자서는 앉은 자리에서 일어나는 것조차 힘든데 얼마나 더 '시급해야' 입원이 가능한 걸까.

'그러면 강제입원을 하면 되지 않나'라고 생각할 수 있다. 그러나 강제입원은 자의입원보다 더 복잡하고 어렵다. 각종 서류를 준비해야 하고 보호자 두 명이 동행해야 한다. 아무나 보호자가 될 수 있는 게 아니라 배우자나 직계가족 혹은 민법에 따른 후견인만 보호자로 인정한다. 무엇보다 강제입원의 요건 중 하나가 '자신이나 타인을 해할 수 있는 위험한 상황'을 일으키는 것인데, 이를 충족하려면 삼촌을 방치하고 나빠지길 기다려야 한다는 황당한 답밖에 나오지 않는다.

강제입원을 하더라도 우리가 원하는 병원에 갈 수 있으면 다행이지만 그런 경우는 드물다. 의료진 수가 충분하고 시설이 깨끗하고 다양한 프로그램이 마련되어 있는 병원은 항상 꽉 차 있다. 수도권 이외 지역일수록 더 그렇다. 병원 수 자체가 적기 때문이다. 결국은 받아주는 병원으로 갈 수밖에 없고, 이런 병원의 상당수는 급성기 치료에는 적합하지 않은 만성기 병원이다.

이처럼 자의든 강제든 입원이 너무 어려우니 가족들은 입원 제도에 불만이 많다. 때문에 강제입원 요건을 완화해야 한다는 주장°도 나오지만 문제의 본질은 입원 요건이 아니다. 가족이 이 모든 과정을 책임져야 한다는 게 핵심이다.

이런 상황이라면 어떨까. 가족이 도움을 요청하면

정신건강복지센터 담당자가 입원이 가능한 병원을 함께 알아본다. 경찰과 119가 집을 찾아와 당사자를 설득해 병원으로 이동한다. 병원 응급실에서는 의료진이 충분한 시간을 가지고 당사자의 이야기를 들어주고 입원을 권유한다. 보호자 두 명은 이후 병원에 가서 입원에 동의한다.

여전히 부족한 점이 많겠지만 최소한 강제입원 요건을 완화하자는 이야기는 나오지 않을 것 같다.[○] 당사자의 인권이 침해될 여지도, 당사자와 가족 간의 갈등도 지금보다 줄어들 것이다. 현실성 없는 이야기가 아니다. 지난 20대 국회에서 비슷한 골자의 내용을 담은 법안이 발의됐고[○○] 서울시와 경기도에서는 비슷한 형태의 '정신응급합동센터'를 운영하고 있다.

우리는 수소문 끝에 삼촌을 받아준다는 병원을 찾았다. 우리가 가고 싶었던 병원 1순위는 신경과와

○ 입원이 쉬웠던 과거에는 당사자의 인권이 침해되는 사례가 많았다. 이런 배경에서 입원 요건이 강화된 것이기에 이를 되돌리는 건 바람직하지 않다.

○○ 발의는 됐으나 국회 임기 내 처리되지 못해 임기 만료로 폐기됐다.

정신과가 같이 있는 병원, 2순위는 조현병 급성기 증상 치료가 가능한 병원, 3순위는 그냥 아무 정신병원이었는데 삼촌을 받아주겠다고 한 병원은 순위권에 없던 요양병원이었다. 그러나 그 즈음에는 가족도 삼촌도 지쳐서 입원이 가능하다는 사실에 감사한 마음까지 들 지경이었다.

다행히 삼촌은 몇 달 입원 후 건강해졌다. 하지만 언제까지나 이런 식으로 입원을 할 수는 없는 노릇이다. 병원에 대한 제대로 된 정보나 선택지 없이, 당사자와 가족 모두 상처를 입고, 증상이 악화되어야만 가능한 입원 말이다. 아픈 사람은 원할 때, 적절한 치료를 받을 수 있어야 하는데 정신질환·장애인에게는 이 당연한 원칙이 지켜지지 않고 있다.

일단 독립부터, 부족한 건 나중에

40대에 이혼한 이후 삼촌은 할머니와 죽 함께 살았다. 할머니가 쓰러지신 뒤에는 엄마와 할머니, 삼촌 이렇게 세 사람이 같이 살았다. 할머니는 삼촌 밥을 차려주는 것은 물론이고 입을 옷도 정해준다. 삼촌이 정리를 제대로 못 한다며 할머니 식대로 모든 물건을 정리한다. 이게 할머니가 삼촌을 '돌보는' 방식이다. 이런 것이라도 해주면 회복에 도움이 될까 싶어 자신이 할 수 있는 건 다 해주고 싶은 마음인 것이다.

하지만 무능한 존재로 대하니 존중은 끼어들 틈이 없다. 할머니는 삼촌의 행동을 일일이 간섭하고 통제한다. 옷을 지저분하게 입는다고 혀를 차고 쓸데없이 샤워를 자주 한다고 혼낸다. 담배를 피러 갈 때마다 '망할 놈의 새끼'라고 언성을 높인다. 삼촌이 돈을 달라고 하면 "엄마

돈을 다 닦아 쓰고 또 돈을 달라고 한다"며 "정신 빠진 놈, 무슨 지랄을 하려고 또 돈을 달라고 하느냐"는 등의 말이 이어진다.

할머니의 복잡한 마음을 짐작할 수 없는 건 아니다. 아픈 삼촌이 안타까우면서도 재산을 거덜 낸 것을 생각하면 원망스럽고 화가 날 것이다. 삼촌 뒷바라지 이외에는 뭔가 해볼 생각조차 못 했고 무엇 하나 마음 편히 즐기지 못했던 세월이 야속할 테다. 그런 할머니 앞에서 내가 삼촌의 병을 두고 뭘 안답시고 이러니저러니 말을 얹는다는 게 한없이 가볍게 느껴진다.

하지만 그로 인해 삼촌은 혼자서는 아무것도 할 수 없는 사람으로 나이 들어갔다. 리베카 울리스는 두 가지 일반적인 원칙[38]을 제시한다. "가능하다면 많은 일을 스스로 하도록 한다"와 "가족이 그를 사랑하고 돕고자 하는 사실을 항상 느낄 수 있도록 하라"는 것이다. 삼촌이 할머니와 함께 사는 한 첫 번째 원칙은 결코 지켜지지 않을 것이다.

더 큰 문제는 할머니가 돌아가신 이후다. 누가 삼촌을 돌볼 것인가. 엄마는 이미 60대 후반으로 누구를 돌볼 처지가 안 되고, 만약 엄마가 삼촌을 돌봐야 한다면 나는 삼촌이 미워질 것 같다. 그렇다고 시설에 보낼 것인가. 어떤 상황에서도 시설은 답이 될 수 없다. 답은 하나밖에 없었고 명확했다. 독립이다. 할머니가 돌아가시기 전에 혼자 사는 연습을 해야 한다.

답은 찾았지만 실행에 옮기는 게 쉽지 않았다. 과연 삼촌이 혼자서 잘 지낼 수 있을까. 증상이 심해지는 건 아닐까. 혹시나 파킨슨병 증상 때문에 움직이지 못해서 방에 갇히기라도 하면? 걱정이 가지를 치며 뻗어나갔다. 걱정이 많은 나와 엄마는 아직은 때가 아니라며 반년 가까이 끌었다. 보다 못한 동생이 나섰다.

"완벽하게 준비되는 때는 영원히 오지 않는다. 일단 독립부터 하고 부족한 건 그때 해결하자."

맞는 말이었다. 그제야 우리는 삼촌이 거주할 곳을 알아보기 시작했다. 일단 삼촌의 상태를 자주 볼 수 있어야 하기에 엄마 집에서 너무 멀면 안 된다. 말 그대로 독립이니 물리적으로나 경제적으로 삼촌이 감당할 수 있는 수준이어야 한다. 정신장애가 있는 것을 알면 집주인이 싫어할 수 있으니 집주인과 같이 사는 건물은 안 된다. 삼촌이 집을 담보로 대출을 하지 못하도록 명의는 다른 사람으로 한다.

그렇게 조건에 맞는 원룸을 구했다. 보증금 3000만 원에 월세 20짜리. 좋은 방은 아니었지만 가전제품이 다 갖추어져 있었고 월세도 삼촌이 매달 받는 생계급여로 감당할 수 있는 수준°이었다. 엄마 집에서 버스로 10분 거리이며 근처에 큰 마트가 있어 삼촌이 혼자 장을 볼 수 있었다.

엄마와 할머니가 강력히 주장해 '손 없는 날'에 이사를 했다. 우리는 삼촌에게 세탁기, 인덕션, 전자레인지, 에어컨, 보일러 등의 작동법을 알려주었다. 우려와 달리 삼촌은 능숙하게 가전제품을 조작했다.

이왕 이사를 했으니 저녁을 먹기로 했다. 삼촌은 전자레인지로 햇반을 데우고 계란프라이를 했다. 우리는 원룸 바닥에 신문지를 깔고 저녁을 먹었다. 삼촌이 해주는 밥을 먹는 게 아주 오랜만이었다. 어린 시절 삼촌은 우리에게 라면을 끓여주곤 했다. 나는 사진을 찍었다. 삼촌을 원룸에 두고 나오는 길에 나는 어처구니없게도 자식을 독립시키는 게 이런 마음일까 하는 생각을 했다.

° 기초생활수급자인 삼촌은 2022년 기준 한 달 생계급여로 58만 원을 받는다. 월세를 빼면 38만 원으로 한 달을 살아야 하기 때문에 가족의 지원이 없다면 사실상 생계급여만으로는 생활이 불가능하다.

삼촌은 빠르게 적응했다. 일주일도 되지 않아 우리 집은 '너희 집'으로 자기 원룸은 '내 집'으로 부르기 시작했다. 마음이 놓이면서도 서운했다. 할머니를 보러 거의 매일 '너희 집'에 들르지만 밥은 안 먹는다. 맛이 없어서 못 먹겠다는 이유다. 밤 9시 즈음 근처 마트에서 마감세일 상품을 사는 루틴도 생겼다. 그 좁은 방에 친구를 불러 커피도 마신다. 혼자 사는 게 그렇게 편한지 몰랐단다. 하긴 할머니 잔소리 안 듣고 엄마 눈치 안 보면 안 편할 수가 없겠지.

삼촌의 독립은 할머니와 엄마의 삶의 질도 높였다. 할머니가 화내는 횟수가 줄었고 엄마는 두 사람을 돌보다가 한 사람만 돌보니 숨이 트인다고 했다. 삼촌이 집을 엉망으로 해놓고 사는 건 아닐지 걱정이 됐지만 그건 삼촌의 몫이니 그냥 눈 감기로 했다(나중에 가보니 의외로 깔끔해서 놀랐다).

삼촌이 독립한 지 벌써 1년이 지났다. 이렇게 좋은 걸 왜 진작 생각하지 못했을까. 삼촌을 무능한 존재로 취급하는 할머니를 비판했지만 우리 역시 무의식중에 삼촌을 그렇게 생각했던 게 아닐까. 삼촌은 우리 생각보다 강했고 잘 지내고 있다. 또 삼촌이 혼자 해결할 수 없는 일은 가족이나 친구, 정신건강복지센터의 담당 사회복지사의 도움을 받을 수 있다. 독립이라는 게 모든 걸 혼자 해내야만 하는 게 아니다.

그러니 독립을 고민하는 당사자가 있다면 나는 적극적으로 추천하고 싶다. 동생 말처럼 완벽하게 준비되는 때는 오지 않는다.

TIP
9

지역사회에서 살아가기 위해 필요한 것들

'사회적 입원'이라는 말이 있다. 입원은 최후의 수단이 되어야 하는데 갈 곳이 없어 입원을 하고 역시 갈 곳이 없어 퇴원하지 못하는 상황을 의미한다. 한국의 사회적 입원 비율은 24퍼센트[39]에 달한다는 통계도 있다.

전문가들은 입원 전후에 범퍼 역할을 하는 곳이 없어서 일어나는 현상이라고 지적한다. 해외에서는 하프웨이 하우스°와 위기쉼터가 입원 전 범퍼 역할을 하고 있다. 송승연 부연구위원은 "미국이나 영국에는 여성 당사자를 위한 위기쉼터, 자살 시도자를 위한 위기쉼터 등 구체적으로 구성되어 있다"며 "한국에 그런 역할을 하는 곳은 거의 없다"고 말했다.

° Halfway House, 중간 집.

실제 입원 전에 갈 수 있는 지역사회 위기쉼터는 송파정신장애동료지원 위기쉼터가 유일하다. 아니, 유일했다. 2022년 5월부터 보건복지부에서 사업지원을 받아 6개월간 일시적으로 운영한 것이기 때문이다. 쉼터는 불필요한 입원을 방지하고 지역사회에서 자립적인 삶의 토대를 마련하는 것을 목표로 했다.

퇴원 후 선택지는 그나마 몇 개가 있다. 퇴원 후 거주할 곳이 필요하다면 지역사회전환시설(전환시설)과 공동생활가정(그룹홈)이 대안이 될 수 있다. 전환시설은 당사자의 안정적인 사회 복귀를 위해 주거 제공, 생활 훈련, 사회적응 훈련 등의 서비스를 제공한다. 정신의료기관 또는 지역정신건강복지센터의 의뢰서와 정신과 진단서, 건강진단서 등을 가지고 입소 신청을 하면 된다. 입소비는 월 30만 원 수준이다. 포털사이트에서 '지역사회전환시설'로 검색하면 쉽게 찾을 수 있다. 최대로 지낼 수 있는 기간은 6개월이다. 하지만 전환시설은 전국 7곳[°]밖에 없으며 그마저 서울과 경기도에만 있다.

° 정신재활시설 수는 모두 2018년 기준이며 보건복지부 국립정신건강센터 등의 자료를 바탕으로 했다.

그룹홈은 작게는 3인에서 많게는 8인까지 한 주거 공간에서 공동생활을 하며 재활 훈련을 하는 공간이다. 그룹홈의 장점 중 하나는 오래 머물 수 있다는 것이다. 시설마다 차이가 있지만 3년에서 5년까지 거주가 가능하다. 그 기간 동안 당사자는 거주지 독립을 위해 주택청약예금에 가입하거나 보증금을 마련할 수 있고 다른 사람과 함께 지내면서 대인 관계 능력을 기를 수 있다. 전문가들은 이런 점을 들어 그룹홈이 지역사회에 정착하기 위해 꼭 필요하고 확충되어야 할 주거 서비스라고 강조한다. 전국에는 188곳의 그룹홈이 있다.

종합시설이나 생활시설, 중독자 재활시설도 있지만 보통 이런 곳은 정원이 30~50명에 달해 주거시설이라기 보다는 요양시설에 가깝다고 볼 수 있다.[40]

주거가 확보되어 있다면 이용형 정신재활시설인 주간 재활시설, 직업 재활시설을 활용할 수 있다. 주간 재활시설은 회복과 자립을 위한 스트레스 관리, 대인 관계 관리, 금전 관리, 일상생활 훈련, 가족 교육 등을 진행한다. 직업 재활시설도 비슷한 프로그램을 운영하고 있으며 구인·구직상담, 취업 알선, 취업 전 교육 등 취업 프로그램에 좀 더 초점이 맞춰진 게 특징이다. 주간 재활시설은 전국

85개, 직업 재활시설은 15개가 있다.

이 외에도 '낮 병원'이나 지역의 종합사회복지관, 장애인종합복지관, 지역 정신건강복지센터, 정신장애인자립생활센터°에서도 프로그램을 운영하고 있으니 확인해보자. 다니고 있는 병원이나 지역의 보건소, 복지관 등에 문의하면 연결해주기도 한다.

그러나 문제는 앞서 언급한 것처럼 이렇게 도움을 받을 수 있는 정신재활시설이 턱없이 부족하다는 점이다. 2018년 기준 전국의 정신재활시설은 348곳에 불과하다. 반면 정신의료기관과 정신요양시설은 1729개에 이른다. 한국의 정신건강서비스 시설이 재활보다는 의료기관과 요양시설 위주로 구성돼 있다는 것을 극명하게 보여준다.

그렇다 보니 좋은 시설일수록 짧게는 몇 개월 길게는 1년까지도 기다려야 하는 상황이 발생한다. 시설을 이용하는 사람은 7166명으로 전체 중증정신질환자(31만 1000명으로 추정)의 2.3퍼센트에 불과하다. 이 때문에 국가인권위원회는

° 'OO정신장애인자립생활센터'라는 이름이 붙은 센터는 비영리 단체로, 지역마다 있지는 않다. 최초로 만들어진 한국정신장애인자립생활센터는 당사자 역량을 강화시켜 회복과 사회참여를 지원하는 것을 목표로 한다.

2022년 10월 보건복지부 장관에게 17개 시도에 최소 1개 이상의 위기쉼터·전환시설 설치와 운영을 위한 예산을 지원할 것을 권고했다.

백종우 교수는 "한국의 정신장애인 주거 지원은 해외에 비해 턱없이 부족하다. 가령 미국 뉴욕주의 경우 그룹홈은 물론이고, 의료진이 상주하는 1단계부터 혼자서 모든 생활을 꾸려가는 4단계까지 다양한 형태의 지원이 이뤄지고 있다"며 "갈 곳 없는 정신장애인이 노숙인이 되거나 병원에 장기로 입원하는 일 등을 계산하면, 주거 지원은 인권은 물론이고 사회 비용 측면에서도 이득"이라고 말했다.

치료가 곧 회복을 의미하진 않는다. 증상이 완화되어도 일상을 꾸려갈 수 없다면 회복은 요원하다. 회복을 위해서는 지역에서 더불어 살아가야 한다. 여기에는 일을 하고 사람들과 관계를 맺고 여가를 보내고 건강을 챙기는 등 여러 행위가 포함된다. 이런 것들이 함께 유기적으로 연동되지 않으면 몸만 시설 밖에 있을 뿐이다.

“아저씨 치매죠?”

한국 사회에서 장애인 차별은 새삼스러운 일이 아니다. 장애 중에서도 정신장애에 대한 차별은 조금 결이 다르다. 질병이나 장애와 관련된 콘텐츠를 보면 시혜와 동정의 대상이 되기 싫다는 내용이 많이 나온다. 그러나 삼촌이 동정의 눈빛을 마주하는 일은 거의 없다. 삼촌의 겉모습에서 장애를 읽기는 쉽지 않다.

하지만 가끔은 차라리 삼촌의 장애가 눈에 명확히 보이는 것, 그래서 사람들의 동정을 받는 것이었으면 좋겠다는 생각을 한다. 그러면 지금보다는 상황이 덜 복잡하지 않을까.

얼마 전 집 앞 중국집 사장님이 나를 보고 알은체했다. 삼촌은 우리 집에 올 때마다 그 가게에서 자장면을 먹는다. 사장님은 “아니……”로 운을 떼더니 삼촌이 중국집에 와서는 알아들을 수 없는 소리를 했다고 말했다. 갑자기 가슴이 쿵쾅거리고 얼굴이 화끈거렸다. 뭐라고 말해야 하지?

이어 사장님은 안타까운 눈으로 나를 보며 "아저씨 치매죠?"라고 물었다. 아…… 삼촌이 나이가 들어서 치매 증상으로 보일 수 있구나. 차라리 다행이었다. 정신질환을 언급할 이유도, 이런 저런 설명을 할 필요도 없었다. 치매 증상에도 환청과 망상 등이 있다. 나는 난감한 표정을 지으며 긍정도 부정도 하지 않았다. 치매는 안타까운 일이지만 조현병은 혐오의 대상이다.

《조현병의 모든 것》에는 근육위축증과 조현병에 걸린 두 아들을 둔 어머니의 사례가 나온다. 근육위축증에 걸린 큰아들은 "눈에 보이는 명백한 장애여서 지역사회와 가족, 친구 모두가 마음을 열고 그 아이의 삶이 나아지도록 애를 써준다." 하지만 "조현병에 걸린 작은아들은 모든 이에게 오해를 받는다. 그 아이도 끔찍한 장애가 있지만 그 장애는 눈에 보이지 않는다. (…) 모두가 한결같이 그 아이가 사라지기만을 바란다."[41]

하늬 중국집 사장님이 삼촌 치매냐고 묻더라.

삼촌 뭐라고 했어? 그냥 모르는 척하면 돼.

하늬 그렇게 했어. 근데 삼촌은 아픈 걸 누구한테 직접 말해본 적 있어?

삼촌 결혼하기 전에 말했지. 나는 정신이 아픈 사람이니까 결혼을 해서는 안 된다고. 그때 말고는 없어.

하늬 왜 안 했어? 말하면 사람들이 이해해줄 수도 있잖아.

삼촌 이 병은 그런 병이 아니야. 말해봤자 좋을 게 하나도 없어. 미친놈이라고 지탄만 받을 게 뻔해.

삼촌이 특이한 게 아니다. 조현병을 오픈해도 되겠냐는 온라인 커뮤니티 게시 글에는 "조울까지가 진짜 마지노선인데 조현은……", "커밍아웃하면 바로 아웃이죠", "주변에 알렸는데 아직도 답이 없어요. 저절로 손절됐네요" 등의 댓글이 주르륵 달려 있었다. 긍정적인 반응은 하나도 없었다.

'커버링'이라는 단어가 있다. 캐나다 출신의 미국 사회학자 어빙 고프먼의 저서《스티그마》에 나오는 개념이다. 스티그마는 고대 그리스에서 노예나 죄수, 범죄자를 식별하기 위해 몸에 새긴 낙인에서 유래한 단어로 '사회적 낙인'을 뜻한다. 커버링은 이 낙인을 피하기 위해 자신의 신분을 위장하는 행위를 일컫는다.

고프먼에 따르면 커버링을 하는 사람은 높은 불안감을 안고 살아가며, 자신의 정체를 알고 있는 집단과 모르는 집단 사이에서 괴로움을 느낀다. 또 남들이 별로 신경 쓰지 않는 상황에 대해서도 민감하게 반응한다.

내가 중국집 사장님 앞에서 보인 태도가 커버링이며 그로 인해 나는 짧은 순간이지만 불안에 사로잡혔다. 나는 이후에도 한동안 혹시나 중국집 사장님과 마주치면 어쩌나 싶어 빠른 길을 두고 먼 길로 돌아가기도 했다. 나도 이럴진대 할머니와 엄마, 삼촌은 어땠을까.

하늬 계속 아닌 척하면서 지내면 힘들지 않아?

삼촌 거짓말을 많이 하는 게 좀 그렇지. 힘들어도 어쩔 수 없어.

하늬 삼촌 상황을 털어놓고 싶었던 적은 없어?

삼촌 그런 생각은 별로 안 해봤어. 절대로 말하면 안 되는 거니까.

하늬 그렇게 알리기 싫은데 내 인터뷰에 응하게 된 계기가 있을까?

삼촌 사람들에게 이 병을 알려주는 차원에서는 좋다고 생각하지만 지금이라도 책은 안 썼으면 좋겠어. 나는 상관없는데 사람들이 네 삼촌이 조현병인 걸 알게 되는 게 싫어. 네 이름을 안 쓰고는 못 내나?

하지만 완벽한 커버링은 없다. 아무리 '정상'인 척 꾸며도 한계에 부딪힌다. 가령 삼촌은 증상이 없을 때는 거짓말을 잘 했지만, 증상이 심할 때는 사람들에게 전화를 해 자신이 정신병원에 있다고 알렸을 뿐 아니라 면회까지 오라고 했다. 몇몇 친구는 면회를 갔고 지금도 삼촌과 만나는 사이다.

어차피 완벽한 커버링이 불가능하다면 적절한 수준에서 병을 오픈하는 것도 방법이다. 관련해 E. 풀러 토리는 몇 가지 기준을 제시한다. "그 사람이 어차피 언젠가는 알게 될 가능성이 있는가? 그 사람은 정신질환에 대해 얼마나 세심한 태도를 취할 수 있는 사람인가? 내가 이 정보를 그에게 알리지 않았을 때, 그 사람은 다른 문제들에 대해 나를 신뢰할 수 있는가? 그 사람에게 말하지 않은 채로 그를 상대하는 것을 나는 얼마나 어려워할까?" 등[42]이다.

나아가 병을 오픈하는 사람이 많아지면 정신질환·장애를 향한 낙인이 줄어들 수 있다. 보고 듣고 만나게 되면 이해의 폭이 넓어지기 마련이다. 송승연 부연구위원은 "의사나 사회복지사가 나와서 '정신장애인은 위험하지 않다'는 이야기를 해봤자 큰 소용이 없다"며 "성소수자 당사자 운동처럼 당사자가 직접 자신을 드러내고 소통하고 부딪혀야 사회적 인식이 서서히 바뀌고 거리가 좁혀질 수 있다"고 말했다.

삼촌이 치매라고 생각한 중국집 사장님은 이후 삼촌을 더 친절하게 대해준다고 한다. 그 상황이 웃기면서도 묘하게 슬펐다. 그리고 궁금해졌다. 삼촌이 조현병이라고 사실대로 말했더라면 사장님은 삼촌을 어떻게 대했을까. 그래도 친절했으리라 믿고 싶다.

장애는 언제 장애가 되는가

삼촌 병원에 면회를 갔던 날, 삼촌의 상태를 궁금해하는 엄마에게 카카오톡을 보냈다.

"삼촌 이제 화도 안 내고 괜찮던데? 다 나은 듯."

"사람이 화도 내고 감정이 있어야 하는데 약 때문에 아무것도 못 느끼고 무기력하게 있는 건 아닌지 걱정이다."

엄마의 답에 나는 잠시 멍해졌다. 머리를 한 대 얻어맞은 것 같았다. '다 나았다'는 나의 말은 과연 누구의 기준이었을까. 증상이 있을 때의 삼촌, 자극을 예민하게 느끼고 감정이 풍부하며 상상을 잘하는 모습이 사실 삼촌의 본 모습에 가까운 것 아닐까. 내가 나았다고 표현한 상태는 어쩌면 삼촌이 자신을 잃어버린 모습은 아닐까.

조현의 사전적인 의미는 '현악기의 음률을 고른다'는 뜻이다. 조현병의 증상이 마치 현악기가 제대로 조율되지 못했을 때처럼 혼란스러운 상태를 보이는 것과 같다는 데서 비롯됐다. '정신분열증'[○]이라는 병명에 대한 거부감과 이질감을 없애기 위해 개명됐다. 큰 의미가 있는 진전이다.

그러나 기록노동자 희정의 말처럼 "세상에 저절로 조절되고 고르게 되는 것은 없다. 무엇이 가다듬어진 상태인지, 어떤 것에 맞춰 조율되어야 하는지 판단하는 기준과 대상이 있다." 그러면서 희정은 "세상의 기준에 맞춰 자신을 조율해야 하는 병명"[43]이 조현병이라고 말한다. 엄마의 말은 이런 문제의식과 궤를 같이 한다.

장애계는 오래 전부터 "○○가(이) 손상을 장애로 만든다"고 주장해왔다. ○○에는 사회, 국가, 차별, 억압 등이 들어간다. 손상이 장애가 되는 것은 손상 그 자체 때문이 아니라 그것을 손상으로 보는 특정한 상황이나 관점 때문이라는 것이다.

청각에 손상이 있는 사람을 우리는 청각장애인이라고 한다. 우리 사회가 음성언어를 기반으로 소통하기 때문에 음성을 듣지 못하는 것은 장애가 된다. 하지만 모든

○ 조현병의 예전 명칭.

사회구성원이 수어를 사용할 줄 안다면, 뉴스와 드라마와 영화에 항상 자막이 있다면 이야기는 달라진다. 청각 손상은 장애가 되지 않는다.

김원영 변호사의 《실격당한 자들을 위한 변론》에는 이런 가정이 나온다. "수어를 할 줄 아는 사람이 많아진다면 비밀을 속삭이기는 어려워질 것이다. 공원에는 칸막이가 달린 벤치를 놓아야 할 것이고, 집중력을 향상시키기 위해 타인의 손동작에 모자이크를 입히는 특별한 구글글래스가 발명될지도 모른다. 수어를 하면서 커피를 마실 수 있도록 컵홀더가 달린 셔츠도 등장할 것이다. 지금과는 완전히 다른 세계가 펼쳐지는 것이다."[44]

삼촌의 손상 역시 어떤 환경에서는 심각한 장애가 되지만 어떤 상황에서는 장애가 아닐 수 있다. 삼촌이 겪는 증상이 아무런 문제나 불편함이 없다는 게 아니다. 삼촌은 증상으로 잠을 못 자고 끼니를 건너뛰고 요동치는 감정과 생각으로 힘들어한다. 곁에 있는 사람 역시 힘들다. 하지만 삼촌의 손상이 '장애'가 아닐 수 있는 상황이 불가능한 것은 아니다.

가족 자조모임에서 만난 이가 재미있는 이야기를 해주었다. 신의 존재를 믿는 것은 망상이라고 하지 않으면서 조현병 당사자의 믿음은 왜 망상이냐는 것이다. 실제 조울증에 걸린 내 친구는 예수님의 모습을 보고 목소리를 들었다고 주장했는데, 교회 공동체 내에서 이는 전혀 장애로 여겨지지 않았다. 오히려 '방언이 터졌다'며 친구를 북돋았다고 한다.

이 책의 원고를 쓰며 만난 쉴라와 유영은 모두 자신의 속도로 일할 수 있는 곳에서 근무한다. 조현병 당사자임을 밝히고 증상이 심할 때는 업무를 조절하기도 한다. 장애인 일자리여서 가능한 일이지만 비장애인 일자리 중에서도 이런 일자리가 많다면 어떨까? 우리 사회가 각 개인의 속도를 존중하는 분위기라면 어떨까? 조현병의 증상 혹은 약의 부작용으로 인한 느린 속도는 장애로 여겨지지 않을 것이다.

〈이상한 변호사 우영우〉가 큰 인기를 얻었을 때 '진짜 판타지는 정명석'이라는 이야기가 나왔다. 한 분야에 천재적인 재능을 가진 '서번트 신드롬'을 가질 확률보다 자폐를 가진 이를 편견 없이 대하고 도와주는 상사를 만날 확률이 더 낮다는 것이다. 의료윤리학자인 김준혁 교수는 "우영우에게는, 장애를 장애로 만드는, 장애가 없다"는 제목의 칼럼에서 "자신을 여러 방향에서 지지해주는 주변 사람들과 함께 있을 때, 우영우는 그저 약간 다른 사람일 뿐"[45]이라고 썼다.

삼촌의 이야기를 묵묵히 들어주는 사람이 더 많다면, 삼촌의 생각이 '미쳤다'는 단어 하나로 납작하게 표현되는 사회적 분위기가 아니라면, 입원 외의 선택지가 더 있다면, 가족이 도움을 청할 곳이 있다면, 조현병을 오픈하고 할 수 있는 일자리가 많다면…… 삼촌의 손상은 지금처럼 심각한 장애는 아니었을 것이다.

일본의 정신장애인 공동체 '베델의 집'은 정신장애를 부정하지 않으면서 정신장애와 함께 살아가기 위한 여러 방법을 시도해왔다. 환청망상대회가 대표적이다. 이 대회는 공동체에서 각자의 환각, 망상 체험을 나눈 것이 너무 재미있어 시작됐다. 그렇다고 베델의 집 사람들이 약이나 입원을 부정하는 것은 아니다. 입원을 정신질환 리듬의 자연스러운 한 요소로 생각한다. 베델의 집의 원칙은 "그대로 있어도 된다"다.

나는 '반드시 나일 것'이라는 말을 좋아한다. 트위터와 페이스북 소개 글도 '반드시 나일 것'이다. 내가 나일 수 있으려면 동시에 모든 사람이 그 자신일 수 있어야 한다. 그렇다면 사회학자 조한진희의 말처럼 "우리는 이제 그

너머를 질문해야 한다. 어떤 조건이 특정 존재를 약자로 만드는가? 약자를 약자로 만들지 않는 사회는 어떻게 가능한가."[46]

내가 나로 삼촌이 삼촌으로 있어도 되는 세상을 바란다.

TIP
10

만성 조현병과 함께 사는 법

"삼촌분 같은 만성질환자는……" 삼촌 주치의가 말했다. 그때 만성이라는 단어를 처음 들었다. 아, 삼촌이 만성이구나. 만성의 사전적 의미는 '버릇이 되다시피 하여 쉽게 고쳐지지 아니하는 상태나 성질'이다. 병에 있어서는 '급하거나 심하지도 아니하면서 쉽게 낫지도 않는' 상태다.

조현병을 급성과 만성으로 가르는 기준은 뭘까. 먼저 재발 여부다. 재발과 완화를 반복하고 있다면 만성으로 볼 수 있다. 차승민 전문의는 "딱 정해진 시점은 없지만 초발한 뒤 시간이 꽤 지났음에도 증상이 오르락내리락 한다면 만성으로 본다"고 말했다. 삼촌의 경우가 여기에 해당한다.

심한 수준으로 재발하지 않아도 기능이 회복되지 않은 경우 역시 만성으로 본다. 권준수 교수는 "초발한 뒤 5년이 지난 시점에도 기능이 떨어져 있다면 만성으로 볼 수 있다"고 말했다. 여기서 기능은 언어·감정 표현, 자기 관리, 관계 맺기, 사회적 위축[°] 등 일상을 영위하는 데 전반적으로 필요한 것들을 의미한다.

만성이 되면 치료가 어려워진다. 재발할 때마다 뇌가 영향을 받아서다. 호전되지도 악화되지도 않은 채 유지되는 경우가 있고 아주 조금씩 나빠지는 경우가 있다고 한다. 이전에 효과가 있었던 약물을 써도 차도가 없을 수 있다. 그렇다고 약물을 계속 추가할 수는 없는 노릇이다. 약물로 떡이 되면 종일 몽롱하다든지, 의욕이 사라진다든지 하는 식으로 일상에 영향을 준다.

병이 만성화돼 일상에 어려움을 겪고 있다면 지원받을 수 있는 방법을 생각해보자. 장애인 등록이 대표적이다. 1년간 지속적으로 치료를 받았는데도 호전의 기미가 없다면 정신장애인 등록을 신청할 수 있고 장애 정도에 따라 활동 보조, 방문 목욕, 방문 간호 등의 서비스를 지원받을 수 있다.

등록 과정은 어렵지 않다. 장애 정도 심사용 진단서와 최근 1년간의 진료기록지 및 투약기록지, 초진기록지, 발병

° 특수교육학 용어사전에 따르면 사회적 위축이란 타인과의 상호작용을 회피하고 사회적으로 고립되며 사회성 기술이 결핍되어 있는 상태를 말한다.

시기부터 6개월간의 경과기록지, 입원 치료를 받은 경우는 간호기록지와 입퇴원요약지를 준비해서 거주지 주민 센터에 신청하면 된다. 관련 문의는 보건복지부 콜센터(국번없이 129)나 주민 센터 장애인복지 담당자에 하면 된다.

당연한 말처럼 들리겠지만 만성질환자 주변인은 당사자의 건강 상태를 주기적으로 확인하는 게 중요하다. 조현병 당사자의 평균 수명은 전체 인구 평균 수명보다 15~25년 정도 짧다고 알려져 있기 때문이다.

여러 이유가 있는데 일단 아파도 잘 모르는 경우가 있다. 차승민 전문의는 "아프다는 감각도 두뇌에서 관장하는 것이니 전반적인 저하가 일어나면서 예민하게 알아차리지 못하는 게 아닐까 추측한다"고 말했다. 실제 약간의 통증을 느껴 병원에 갔는데 이미 질병이 상당히 진행된 경우도 드물지 않게 있다고 한다. 감각이 무뎌지면서 통증 역치가 올라가는 것이다.

음성 증상 때문에 아파도 표현을 적절하게 못할 수 있다. E. 풀러 토리는 《조현병의 모든 것》에서 "몸이 아파도 의료진에게 자신의 증상을 잘 설명하기가 어렵고 의료진은 그들의 호소를 단순히 조현병 증상의 일부라고 여겨 무시해버리기 쉽다"[47]고 지적한다.

환각이나 망상에 시달리는 사람은 갑자기 사고를 당할 수 있다. 내면적으로 혼란스러운 상황에 놓여있어서다. 장우석 사회복지사는 자신의 경험을 담은《당신은 아파했던 만큼 행복할 수 있는 사람입니다》에 "횡단보도를 건너려는데 빨간불이 보였다. 그러나 상관하지 않고 건너가려 했다. 자동차 경적에 몸이 반응해서 멈추긴 했으나 치여 죽어도 다시 살 수 있다고 생각한 것"[48]이라고 썼다.

자살 역시 신경 써야 할 부분이다. 자살은 조현병 당사자의 평균 수명을 낮추는 가장 큰 원인이다. 조현병 당사자의 자살률은 5~10퍼센트 정도로 추정한다. 자살 위험이 가장 높은 군은 "재발을 반복하고 명확한 병식을 갖고 있으며 약이 잘 듣지 않고 사회적으로 고립돼 있으며 미래에 대한 희망이 없고 이전의 삶에서 이룬 성취와 현재의 기능 수준 사이에 큰 괴리가 있"는 경우다.[49]

중앙자살예방센터장을 역임한 백종우 교수는 "조현병 당사자의 자살은 환청이나 망상 등의 증상 때문이 아니라 고립이나 우울 등의 이유로 주로 발생한다"며 "조현병에 대한 사회적인 지원이나 치유 프로그램이 제대로 없다 보니 당사자의 삶의 질에 부정적인 영향을 주고 있다"고 말했다.

만성이 되었다고 절망할 필요는 없다. 절망한다고 이전의 삶으로 돌아갈 수 있는 것이 아니며 이전 삶으로 돌아가는 것만이 답도 아니다. 중요한 것은 만성질환을 가지고도 살아가는 것이다. 그러니 장애 등록이나 기초생활수급 등 활용할 수 있는 것을 최대로 활용하면서 각자에 맞는 방법을 찾아보자. 아파도 삶은 계속 되어야 한다.

맺는말

“불쌍하게 죽었다”로 남아서는 안 되는 이야기

통계청 2022년 자료에 따르면 한국 남성의 평균 수명은 80.6세다. 조현병 당사자의 수명은 평균 수명보다 15~25년 정도 짧다. 삼촌은 65세다. 삼촌이 갑자기 죽어버리면 삼촌의 삶은 어떻게 기억될까? 나는 삼촌의 삶이 “평생 정신병원만 들락날락하다가 불쌍하게 죽었다”로 남아서는 안 된다고 생각했다. 삼촌과 엄마가 미처 꺼내놓지 못한 이야기가 궁금했다.

가족 인터뷰는 쉽지 않은 일이었다. 엄마를 인터뷰할 때는 삼촌이 원망스러워 죽겠다가도, 삼촌과 엄마가 서로에게 쓴 편지를 읽으면서는 그 깊은 사랑에 코끝이 찡해졌다. 삼촌이 겪은 일들을 들으면 가슴이 조이는 듯 아팠다. 기능이 좋은 이삼십 대 당사자들을 만나면서는 삼촌의 불운에 다시 한번 슬퍼졌다.

삼촌과는 다 때려치우자며 싸운 게 두세 번 정도 된다. 내가 너무 재촉해서, 삼촌의 답변이 성의가 없어서, 서로 약속 시간을 어겨서 등 이유는 여러 가지다. 그러고 나서도 삼촌은 "하늬야, 내일은 몇 시에 인터뷰할까?"라며 문자를 보내왔다. 나는 못 이기는 척 "인터뷰 안 한다며? 내일은 오후 2시, 집 앞 카페"라고 답장을 보냈다. 삼촌은 이렇게 평생 나에게 관대했다.

책 덕분에 쉴라, 재규어, 유영, 희수, 은영을 만나게 돼 반갑고 기뻤다. 더 많은 사람이 자신과 가족의 병·장애를 오픈할 때 낙인은 조금씩 옅어질 것이다. 같이 힘을 냈으면 한다.

팁 원고를 쓰는 데 큰 도움을 주신 권준수 교수님, 백종우 교수님, 차승민 선생님, 송승연 부연구위원님께 감사드린다. 팁 원고는 내가 썼다기보다 이분들을 인터뷰한 내용을 정리한 것에 불과하다. 겸손의 표현이 아니라 사실이 그렇다.

이 책을 써보자고 이야기했던 날을 기억한다. 이은정 편집장과 출판사 사무실에서 삼촌 이야기를 하다가 나는 울었다. 누군가에게 삼촌 이야기를 본격적으로 한 것은 그때가 처음이었다. 그동안 나는 삼촌 이야기를 그냥 흘러가는 말처럼 애써 무신경한 태도로 말하곤 했다. 우리 삼촌한테도 정신병 있는데, 정신병원에 삼촌 면회 다녀왔는데…… 이런 식이었다. 책 출간을 제안해주고 중도에 포기하겠다고 했을 때도 내 마음을 먼저 걱정해준 편집장께 애정과 고마움을 전한다.

기자로 일할 당시 나는 당사자의 인권을 중심에 두고 정신장애인 관련 기사를 썼다. 하지만 당사자의 가족인 나는 내가 써왔던 기사와는 다른 사람이었다. 나도 삼촌의 세계를 잘 듣고 인정하고 지지하는 조카이고 싶었다. 당사자에게 트라우마를 남기는 강제입원은 절대 안 된다고 주장하고 싶었다. 그러나 현실에서는 어느 것 하나 쉽지 않았다. 게다가 우리 가족 이야기는 쓰면 쓸수록 왜 이토록 구질구질해지는지, 포기하고 싶은 마음이 자주 올라왔다. 그런 고민에 송승연 부연구위원이 “당사자만이 할 수 있는 이야기가 분명히 있다”며 “너무 고민하지 말고 본인이 경험하고 느낀 걸 솔직하게 쓰면 된다”고 말해주었다. 갈피를 못 잡고 흔들릴 때마다 그 말을 떠올렸다.

머리말에서도 이야기했지만 내 친구나 지인 중에는 삼촌의 장애를 모르는 사람이 많다. 특히 학창 시절 친구들이 그렇다. 상대를 믿지 못하거나 친밀하지 않아서가 아니라 대체 어디서부터 어떻게 이야기해야 할지 몰라서 그랬다. 그리고 그렇게 시간이 흘러버렸다. 이 책을 보고 놀랐다면 이해해주길 바란다.

참고문헌

기타 모리오, 사이토 유카 지음, 《아빠는 즐거운 조울증》, 박소영 옮김, 정은문고, 2021.

대릴 커닝엄 지음, 《정신병동 이야기》, 권예리 옮김, 함병주 해설, 이숲, 2014.

박희정, 유해정, 이호연, 인권기록센터 사이 지음, 《나는 숨지 않는다》, 한겨레출판, 2020.

백재중 지음, 《여기 우리가 있다》, 건강미디어협동조합, 2020.

비장애형제 자조모임 '나는' 지음, 《'나는' 괜찮지 않아도 괜찮아》, 한울림스페셜, 2021.

사이토 미치오 지음, 《지금 이대로도 괜찮아》, 송태욱 옮김, 삼인, 2006.

어빙 고프먼 지음, 《스티그마》, 윤선길 옮김, 한신대학교출판부, 2009.

미주

1. 리베카 울리스 지음, 《사랑하는 사람이 정신질환을 앓고 있을 때》, 강병철 옮김, 서울의학서적, 2020, 151쪽.
2. 이하늬 지음, 《나의 F코드 이야기》, 심심, 2020, 262쪽.
3. E. 풀러 토리 지음, 《조현병의 모든 것》, 정지인 옮김, 심심, 2021, 504쪽.
4. E. 풀러 토리 지음, 《조현병의 모든 것》, 정지인 옮김, 심심, 2021, 168쪽.
5. E. 풀러 토리 지음, 《조현병의 모든 것》, 정지인 옮김, 심심, 2021, 120쪽.
6. 김원영 지음, 《실격당한 자들을 위한 변론》 사계절, 2018, 166쪽.
7. 리베카 울리스 지음, 《사랑하는 사람이 정신질환을 앓고 있을 때》, 강병철 옮김, 서울의학서적, 2020, 48쪽.
8. E. 풀러 토리 지음, 《조현병의 모든 것》, 정지인 옮김, 심심, 2021, 69쪽.
9. E. 풀러 토리 지음, 《조현병의 모든 것》, 정지인 옮김, 심심, 2021, 93쪽.
10. 장우석 지음, 《당신은 아파했던 만큼 행복할 수 있는

사람입니다》, 나비소리, 2022, 42쪽.

11 리베카 울리스 지음, 《사랑하는 사람이 정신질환을 앓고 있을 때》, 강병철 옮김, 서울의학서적, 2020, 55쪽.

12 E. 풀러 토리 지음, 《조현병의 모든 것》, 정지인 옮김, 심심, 2021, 445쪽.

13 리베카 울리스 지음, 《사랑하는 사람이 정신질환을 앓고 있을 때》, 강병철 옮김, 서울의학서적, 2020, 18쪽.

14 한지연·박은수, 〈정신장애인 가족의 자조집단 참여경험 연구: 정신재활시설 가족자조집단(가디언스클럽) 사례를 중심으로〉, 정신건강과 사회복지 제48권 제2호, 2020.

15 리베카 울리스 지음, 《사랑하는 사람이 정신질환을 앓고 있을 때》, 강병철 옮김, 서울의학서적, 2020, 26쪽.

16 〈비마이너〉, "폐허가 된 삶을 복원해줄 시스템이 필요하다", 2015. 11. 20,

17 다리아, 모르, 박목우, 이혜정 지음, 조한진희 엮음, 다른몸들 기획, 《질병과 함께 춤을》, 푸른숲, 2021, 12쪽.

18 김원영 지음, 《실격당한 자들을 위한 변론》, 사계절, 2018, 149쪽.

19 E. 풀러 토리 지음, 《조현병의 모든 것》, 정지인 옮김, 심심, 2021, 376쪽.

20 E. 풀러 토리 지음, 《조현병의 모든 것》, 정지인 옮김, 심심, 2021, 376쪽.

21 〈동아사이언스〉, "혐오의 시대, 정신장애인의 인권은 어디에", 2016. 05. 28.

22 〈중앙일보〉, "[시론] 조현병과 범죄를 둘러싼 오해와 진실", 최진영 서울대 심리학과 교수, 2018. 07. 24.

23 리베카 울리스 지음, 《사랑하는 사람이 정신질환을 앓고 있을 때》, 강병철 옮김, 서울의학서적, 2020, 166쪽.

24 E. 풀러 토리 지음, 《조현병의 모든 것》, 정지인 옮김, 심심, 2021, 491쪽.

25 차승민 지음, 《나의 무섭고 애처로운 환자들》, 아몬드, 2021, 187쪽.

26 차승민 지음, 《나의 무섭고 애처로운 환자들》, 아몬드, 2021, 186쪽.

27 〈연합뉴스〉, "조현병 범죄율 낮지만, 중범죄 비율은 일반인의 5배↑", 2019. 12. 05.

28 〈비마이너〉, "'심신미약'이 범행 당시 피의자의 심리 상태에 관한 개념인 것과 달리 '정신질환'은 피의자의 지속적인 인격(personality)에 속하는 의학적 개념이다. 이 둘을 혼동하여 '정신질환'이 곧 '심신미약'인 것처럼 말하는 것은 정신질환이 곧바로 범행 당시 심신 상태를 결정한다는 오류 추리를 유발한다. 그 결과 정신질환자를 잠재적 범죄자로 간주하는 사회적 편견과 혐오가 강화된다.", 박정수 노들장애학궁리소 연구원, 2018. 10. 25.

29 송승연·정유석, 〈정신장애인 취업과 구직활동에 미치는 요인에 관한 연구〉, 장애와 고용 31, 2021.

30 〈시사인〉, "[특집] 죽음의 미래-②'아픈 몸'을 거부하는 사회에게", 2020. 11. 03.

31 리단 지음, 《정신병의 나라에서 왔습니다》, 반비, 2021. 221쪽.

32 송승연·정유석, 〈정신장애인 취업과 구직활동에 미치는 요인에 관한 연구〉, 장애와 고용 31, 2021.

33 최희철, 〈한국 정신장애인 직업재활의 현황과 발전방안〉, 임상사회사업연구, 2015.

34 〈비마이너〉, "중증장애인 80%가 비경제활동인구? '중증장애인고용법 제정하라'", 2022. 08. 17.

35 바바라 립스카 지음, 《나는 정신병에 걸린 뇌과학자입니다》, 정지인 옮김, 심심, 2019. 24쪽.

36 송승연, 〈정신장애인 자기결정권에 대한 대안적 프로그램〉, “정신장애인에게 위기 상황이 발생하면 하루 만에 회의가 열린다. 회의에는 당사자와 가족, 직장 동료, 친구, 이웃 등 모두가 초대되며 정신의학, 간호, 사회복지 전문가들이 참석해 위기 상황에 대한 의견을 공유하고 대책을 논의한다. 이때 정신과 약물 사용은 최소화하고 모든 과정은 당사자와 가족에게 공개된다.”, 후견과 신탁 제3권 제2호, 2020. 07.

37 리베카 울리스 지음, 《사랑하는 사람이 정신질환을 앓고 있을 때》, 강병철 옮김, 서울의학서적, 2020, 84쪽.

38 리베카 울리스 지음, 《사랑하는 사람이 정신질환을 앓고 있을 때》, 강병철 옮김, 서울의학서적, 2020, 109쪽.

39 〈마인드포스트〉, “정신장애인 위기쉼터 조성하고 절차조력인 제공… 법적 근거 마련해야”, 2022. 10. 19.

40 국가인권위원회, “정신재활시설 운영·이용실태 및 이용자 인권실태조사”, 2022. 10.

41 E. 풀러 토리 지음, 《조현병의 모든 것》, 정지인 옮김, 심심, 2021. 439쪽.

42 E. 풀러 토리 지음, 《조현병의 모든 것》, 정지인 옮김, 심심, 2021, 502쪽.

43 희정 지음, 《두 번째 글쓰기》, 오월의봄, 2021, 161쪽.

44 김원영 지음, 《실격당한 자들을 위한 변론》, 사계절, 2018, 108쪽.

45 〈한겨레〉, “우영우에겐, 장애를 장애로 만드는, 장애가 없다”, 2022. 7. 25.

46 김창엽, 김현미, 박목우, 백영경, 안숙영, 염윤선, 오승은, 전근배, 정희진, 조한진희(반다), 채효정 지음, 다른몸들 기획, 《돌봄이

돌보는 세계》, 동아시아, 2022, 107쪽.

47 E. 풀러 토리 지음, 《조현병의 모든 것》, 정지인 옮김, 심심, 2021, 187쪽.

48 장우석 지음, 《당신은 아파했던 만큼 행복할 수 있는 사람입니다》, 나비소리, 2022, 41쪽.

49 E. 풀러 토리 지음, 《조현병의 모든 것》, 정지인 옮김, 심심, 2021, 434쪽.

나의 조현병 삼촌

초판 1쇄 펴낸날 2023년 7월 17일
2쇄 펴낸날 2023년 10월 30일

지은이 이하늬
펴낸이 이은정

제작 제이오
디자인 피포엘
조판 김경진

펴낸곳 도서출판 아몬드
출판등록 2021년 2월 23일 제 2021-000045호
주소 (우 10416) 경기도 고양시 일산동구 강송로 156
전화 031-922-2103 팩스 031-5176-0311
전자우편 almondbook@naver.com
페이스북 /almondbook2021 인스타그램 @almondbook

ISBN 979-11-92465-08-1 (03180)